# Journalistische Praxis

**Reihe gegründet von**
Walther von La Roche, München, Deutschland

**Reihe herausgegeben von**
Gabriele Hooffacker, München, Deutschland

Der Name ist Programm: Die Reihe Journalistische Praxis bietet ausschließlich praxisorientierte Lehrbücher für Berufe rund um Journalismus und Medien. Praktiker aus Redaktionen und aus der Journalistenausbildung zeigen, wie's geht, geben Tipps und Ratschläge. Alle Bände sind Leitfäden für die Praxis – keine Bücher über ein Medium, sondern für die Arbeit in und mit einem Medium. Walther von La Roche begründete die Reihe 1975 mit der „Einführung in den praktischen Journalismus" (heute: „La Roches Einführung in den praktischen Journalismus"). Seit 2013 erscheinen die Bücher bei SpringerVS.

Die gelben Bücher mit ihren Webauftritten geben allen, die journalistisch tätig sind oder sein wollen, ein realistisches Bild von den Anforderungen redaktionellen Arbeitens und zeigen, wie man sie bewältigt. Lehrbücher wie „Recherchieren", „Informantenschutz", „Frei sprechen" oder „Interviews führen" konzentrieren sich auf Tätigkeiten, die in mehreren journalistischen Berufsfeldern gefordert sind. Andere Bände führen in das professionelle Arbeiten bei einem Medium ein (die Klassiker zu Radio-, Fernseh- oder Online-Journalismus). Es gibt Bücher zu journalistischen Techniken („VR-Journalismus", „Mobiler Journalismus" oder „Social Media für Journalisten"), und zu Berufsfeldern wie Pressearbeit und Corporate Media („Pressearbeit praktisch") oder redaktionellem Arbeiten für Unternehmen oder Institutionen („Gebrauchstexte schreiben").

Jeden Band zeichnet ein gründliches Lektorat und sorgfältige Überprüfung der Inhalte, Themen und Ratschläge aus. Sie werden regelmäßig überarbeitet und aktualisiert, oft in weiten Teilen neu geschrieben, um der rasanten Entwicklung in Journalismus und Medien Rechnung zu tragen. Viele Bände liegen inzwischen in der dritten, vierten, achten oder noch höheren Auflagen vor wie La Roches „Einführung" selbst. Allen Bänden gemeinsam ist der gelbe Einband. Deshalb ist die Reihe unter Lehrenden, Studierenden und angehenden Journalistinnen und Journalisten auch als „Gelbe Reihe" bekannt.

Weitere Bände in der Reihe http://www.springer.com/series/11722

Christian Chang-Langhorst · Dirk Heynen ·
Sylvia Homann · Ursula Wienken

# Qualität managen

Das ISO-Handbuch
für Kreative in Medien

Christian Chang-Langhorst
Saarbrücken, Deutschland

Dirk Heynen
Bonn, Deutschland

Sylvia Homann
Paderborn, Deutschland

Ursula Wienken
Köln, Deutschland

ISSN 2524-3128　　　　　　ISSN 2524-3136　(electronic)
Journalistische Praxis
ISBN 978-3-658-24004-2　　　ISBN 978-3-658-24005-9　(eBook)
https://doi.org/10.1007/978-3-658-24005-9

Die Deutsche Nationalbibliothek verzeichnet diese Publikation in der Deutschen Nationalbibliografie; detaillierte bibliografische Daten sind im Internet über http://dnb.d-nb.de abrufbar.

Springer VS
© Springer Fachmedien Wiesbaden GmbH, ein Teil von Springer Nature 2019
Das Werk einschließlich aller seiner Teile ist urheberrechtlich geschützt. Jede Verwertung, die nicht ausdrücklich vom Urheberrechtsgesetz zugelassen ist, bedarf der vorherigen Zustimmung des Verlags. Das gilt insbesondere für Vervielfältigungen, Bearbeitungen, Übersetzungen, Mikroverfilmungen und die Einspeicherung und Verarbeitung in elektronischen Systemen.
Die Wiedergabe von Gebrauchsnamen, Handelsnamen, Warenbezeichnungen usw. in diesem Werk berechtigt auch ohne besondere Kennzeichnung nicht zu der Annahme, dass solche Namen im Sinne der Warenzeichen- und Markenschutz-Gesetzgebung als frei zu betrachten wären und daher von jedermann benutzt werden dürften.
Der Verlag, die Autoren und die Herausgeber gehen davon aus, dass die Angaben und Informationen in diesem Werk zum Zeitpunkt der Veröffentlichung vollständig und korrekt sind. Weder der Verlag, noch die Autoren oder die Herausgeber übernehmen, ausdrücklich oder implizit, Gewähr für den Inhalt des Werkes, etwaige Fehler oder Äußerungen. Der Verlag bleibt im Hinblick auf geografische Zuordnungen und Gebietsbezeichnungen in veröffentlichten Karten und Institutionsadressen neutral.

Verantwortlich im Verlag: Barbara Emig-Roller

Springer VS ist ein Imprint der eingetragenen Gesellschaft Springer Fachmedien Wiesbaden GmbH und ist ein Teil von Springer Nature
Die Anschrift der Gesellschaft ist: Abraham-Lincoln-Str. 46, 65189 Wiesbaden, Germany

# Vorwort

> *„Es gibt wenige Dinge im Leben,*
> *die man mit Klebeband nicht lösen kann."*
> Aus: *The Losers*, 2010

Wer ein Buch kauft, in dem ein Zusammenhang von Kreativität und Norm hergestellt wird, ist entweder außergewöhnlich neugierig oder sehr verzweifelt. Beides sind gute Voraussetzungen für die Lektüre.

Auch wir als Autoren haben diese Phasen hinter uns. Mittlerweile sind wir überzeugte Anhänger der ISO-Norm 9001 und verteidigen sie gerne gegen die üblichen Anfeindungen. Nach unserer Einschätzung tötet nicht vorhandene Struktur, sondern fehlende Struktur die Kreativität. Und vielleicht verwechselt der eine oder andere auch Kreativität mit Chaos.

Wir laden Sie, unsere Leser, zu einer experimentellen Reise ein. Bleiben Sie dabei entspannt und verlieren Sie Ihren Humor nicht. Dann kann eigentlich nichts schiefgehen.

Richtig behandelt hilft die Norm beim Strukturieren und Organisieren. Sie ist darüber hinaus auch so etwas wie eine Haltung oder eine Philosophie. Es geht darum, Rahmenbedingungen zu etablieren, in denen Menschen in einer guten Atmosphäre kreativ und erfolgreich Medienprodukte schaffen, die vom Zuschauer, Hörer, Leser oder User wertschätzend zur Kenntnis genommen werden und mit denen am Ende auch Geld verdient wird (wenn dies denn notwendig für den Erfolg ist).

Wir haben in vielen Praxisanwendungen die Erfahrung gemacht: Die kann was. Die ISO. Auch mit Medien.

Als Autor wünscht man sich natürlich, dass alle Leser vorne anfangen und sich Kapitel für Kapitel bis ganz nach hinten durcharbeiten. Sie können aber auch ganz anders vorgehen. Das vorliegende Buch ist gleichzeitig Werkbuch, Reflexionsgrundlage, ISO-Übersetzung und am Ende auch ein bisschen Unterhaltungslektüre.

Probieren Sie eine Methode aus, stellen Sie sich den Fragen oder geben Sie sich der vollen Schönheit der ISO 9001 hin.

Jedes Kapitel startet mit einer Szene aus dem Arbeitsalltag. Ähnlichkeiten mit Ihnen bekannten Akteuren sind natürlich rein zufällig.

Im Anschluss kommen wir mit der Norm um die Ecke. Da müssen Sie durch. Denn die Norm enthält wertvolle und unterstützende Grundgedanken und Leitlinien, konkrete Anforderungen und Aufgaben für die Mitwirkenden in Redaktionen. Wenn Sie mitgehen wollen, könnten Sie wie wir die Norm als Vision für ein erfolgreiches Medienunternehmen betrachten.

Anschließend stellen wir Fragen. Wenn Sie Lust haben, versuchen Sie sich an Antworten. Wenn Sie keine Antworten haben, kein Problem. Sie finden im Buch jeweils ausgewählte Werkzeuge und Methoden, mit deren Hilfe Sie dafür sorgen können, dass zukünftig nicht nur Sie, sondern auch Ihre Mitarbeiter Antworten haben. Und womöglich auch noch mit einer hohen Übereinstimmung.

Schließlich stellen wir Ihnen ausgewählte Methoden vor, mit denen Sie bei Bedarf die Ideen der Norm im Alltag umsetzen können. Wir haben für Sie eine kleine Auswahl getroffen, denn es gibt unendlich viele Methoden. Die besten Methoden sind nach unserer Erfahrung einfach, schlicht und wirksam. Die Methoden stammen aus unterschiedlichen Bereichen: Coaching, Beratung, Training, Moderation, Management etc. Wir stellen Ihnen nichts vor, was wir nicht selber ausprobiert haben: Alle Methoden sind im Medienkontext erprobt, sie sind ohne große Vorkenntnisse anwendbar und so schlüssig, dass sie auch von Journalisten nicht hinterfragt werden. Wir bieten Methoden, die sofort umzusetzen sind, und Methoden, die einen etwas längeren Atem brauchen. Wir haben komplexe Methoden soweit vereinfacht, dass sie im Redaktionsalltag problemlos anwendbar sind. Bei Bedarf finden Sie in den Literaturhinweisen weiterführendes Material.

Aus Gründen der besseren Lesbarkeit verzichten wir auf die gleichzeitige Verwendung männlicher und weiblicher Sprachformen. Sämtliche Personenbezeichnungen gelten gleichermaßen für alle Leserinnen und Leser.

Und jetzt: Viel Spaß bei der Lektüre ...

Köln, im Dezember 2018
Christian Chang-Langhorst, Dirk Heynen, Sylvia Homann, Ursula Wienken

# Inhalt

1 **Einleitung: QM ist in der Hauptsache Mindset und Methode – also: Mind the GAPZ** .................................................. 1
   1.1  Gute Gründe für systematisches Qualitätsmanagement ............ 2
   1.2  Ein paar Worte zur ISO 9001 ................................... 4
   1.3  Der Aufbau der Normenreihe ................................... 6
   1.4  High-Level Struktur ........................................... 6

2 **Die Idee der ständigen Verbesserung als Grundidee und Methode** ..... 9

3 **Anleitung zum Lesen** ............................................. 13

4 **Mind the GAPZ** .................................................. 15

5 **Das große Ich bin Ich** ............................................ 19
   5.1  Neulich in der Redaktion ..................................... 19
   5.2  Die Perspektive der ISO auf Rahmenbedingungen, Zielgruppen und Märkte ................................................. 20
   5.3  ISO-Häppchen im Wortlaut ................................... 24
   5.4  Methodenbox ............................................... 25

6 **Chefsache** ....................................................... 35
   6.1  Neulich in der Konferenzzone ................................ 35
   6.2  Die Perspektive der ISO auf Führung in den Medien ............ 36
   6.3  ISO-Häppchen im Wortlaut ................................... 39
   6.4  Methodenbox ............................................... 40

| | | |
|---|---|---|
| **7** | **Wir brauchen einen Plan** | 53 |
| | 7.1 Neulich im Großraumbüro | 53 |
| | 7.2 Die Perspektive der ISO auf das Thema Planung | 54 |
| | 7.3 ISO-Häppchen im Wortlaut | 58 |
| | 7.4 Methodenbox | 59 |
| **8** | **Von nichts kommt nichts** | 69 |
| | 8.1 Neulich am Arbeitsplatz von Merle | 69 |
| | 8.2 Die Perspektive der ISO auf Personen, Kompetenzen, Wissen, Kommunikation | 70 |
| | 8.3 ISO-Häppchen im Wortlaut | 76 |
| | 8.4 Methodenbox | 77 |
| **9** | **Bei der Arbeit!** | 87 |
| | 9.1 Neulich in der Musikredaktion | 87 |
| | 9.2 Die Perspektive der ISO auf die tägliche Arbeit | 88 |
| | 9.3 ISO-Häppchen im Wortlaut | 93 |
| | 9.4 Methodenbox | 94 |
| **10** | **Messen, nicht glauben** | 115 |
| | 10.1 Neulich beim Team-Meeting | 115 |
| | 10.2 Die Perspektive der ISO auf das Thema Bewertung der Leistung | 116 |
| | 10.3 ISO-Häppchen im Wortlaut | 121 |
| | 10.4 Methodenbox | 122 |
| **11** | **Aus Fehlern und Erfolgen lernen** | 135 |
| | 11.1 Neulich bei der Kreativklausur / Strategie- und Entwicklungsklausur | 135 |
| | 11.2 Die Perspektive der ISO auf die Idee der kontinuierlichen Verbesserung | 136 |
| | 11.3 ISO-Häppchen im Wortlaut | 140 |
| | 11.4 Methoden-Box | 140 |
| **12** | **Das ist nicht das Ende!** | 155 |
| | Die Autoren | 159 |

# Einleitung: QM ist in der Hauptsache Mindset und Methode – also: Mind the GAPZ

**1**

> **Zusammenfassung**
>
> Was ist eine Norm? Wie kam die ISO nach Deutschland? Wer ist Deming und was will er mit dem Circle? Was bedeuten die Abkürzungen? Wie ist die Norm aufgebaut?

> **Schlüsselwörter**
>
> Deming, ISO 9001, Norm, PDCA-Zyklus, Beuth-Verlag, DIN e. V., TQM, High-Level-Structure, Kaizen

**Ja, sie ist eine Norm. Die ISO 9001**, die uns in den letzten Jahren sowohl bei der Beratung, im Training, im Arbeitsalltag und manchmal sogar im privaten Leben bereichert und inspiriert hat, ist eine Norm. Der Begriff kommt aus der gleichen Ecke wie in den Medien überwiegend genauso negativ besetzte Wörter wie Regeln und Vorgaben. Die meisten denken sofort an Gleichmacherei, Arbeit nach Vorschrift, Erbsenzählen und Korinthenkacker. Normen haben in der Regel einen schlechten Ruf, die ISO 9001 erst recht, weil sie zum Pflichtprogramm vieler Unternehmen gehört. Ohne ISO-Zertifikat keine Aufträge oder keine öffentliche Förderung. Keine guten Voraussetzungen, um so eine Norm liebzuhaben. Und ja, man muss es zugeben: Die Normenwelt ist immer noch geprägt von Menschen in Schlips und Kragen, deren Bestimmung es ist, „Abweichungen" zu finden und zu sanktionieren. Alles Gott sei Dank sehr weit weg von der Lebenswelt kreativer und medienschaffender Menschen. Und doch haben Sie sich dieses Buch gekauft, obwohl wir ja nicht verheimlichen, dass es um eine Norm geht.

© Springer Fachmedien Wiesbaden GmbH, ein Teil von Springer Nature 2019
C. Chang-Langhorst et al., *Qualität managen*, Journalistische Praxis,
https://doi.org/10.1007/978-3-658-24005-9_1

Vielleicht haben Sie auch – ähnlich wie wir – das Potenzial erkannt. Was, wenn es möglich wäre, die redaktionelle Arbeit nur ein kleines bisschen besser zu organisieren? Abläufe so zu strukturieren, dass wieder Zeit für das tatsächlich Wichtige bleibt? Mitarbeiter ein bisschen zu entlasten und bessere Rahmenbedingungen zu schaffen, wäre das nicht eine gute Sache? Und dabei noch Hörer, User, Leser und Zuschauer zu begeistern und zu binden? Einen Versuch ist es wert.

## 1.1 Gute Gründe für systematisches Qualitätsmanagement

Qualitätsmanagement kann in diesem Zusammenhang – richtig gelebt – nach unserer Erfahrung tatsächlich helfen, Strukturen zu schaffen und zu erhalten, in denen Menschen miteinander ihrem Auftrag nachkommen. Gemeinsam gestalten sie ein Produkt, das vom Abnehmer als so relevant empfunden wird, dass er erwartungsvoll, neugierig und vertrauensvoll jeden Tag erneut reinschaut, reinliest oder reinhört und nicht enttäuscht wird.

**Das systematische, qualitätsorientierte Vorgehen** setzt entsprechend nicht kurzfristig und in Form einer Insellösung ausschließlich beim Produkt an. Im Qualitätsmanagement geht es vielmehr darum, in der Organisation langfristig und nachhaltig eine Umgebung zu schaffen, in der Führung und Mitarbeiter optimale Voraussetzungen vorfinden, in denen sie kreativ ihren jeweiligen Aufgaben nachgehen können. Wie das organisatorisch gelingen kann, dafür liefern Qualitätsmanagementsysteme Ideen und Impulse. Qualität wird in diesem Verständnis konzeptionell betrachtet. Es wird nicht nur das Ergebnis, also die Sendung oder der Artikel betrachtet, sondern auch der Weg dorthin und die Rahmenbedingungen der Entstehung.

Qualitätsmenschen sprechen in diesem Zusammenhang von einem TQM-Konzept:

T = Total
Q = Quality
M = Management

In der Praxis heißt das, dass alle Abläufe in einem Unternehmen beteiligungsorientiert immer wieder hinterfragt und weiterentwickelt werden, um so sicherzustellen,

## 1.1 Gute Gründe für systematisches Qualitätsmanagement

dass die Produkte oder Dienstleistungen die Bedürfnisse und Bedarfe von Kunden treffen. TQM ist kein Werkzeug, sondern eine Managementhaltung.

**Geprägt wurde die Total-Quality-Management-Philosophie in den 1940er Jahren** von dem Amerikaner William E. Deming. Er war ein Pionier auf seinem Gebiet und ein absolut kreativer Mensch, obwohl oder vielleicht weil er Physiker war. Er hat den Deming-Circle oder auch PDCA-Zyklus erfunden, das Herzstück, die Kernidee von QM-Systemen (siehe auch Kapitel 2.1).

In seinem Buch „Out of Crisis" formuliert er 14 Punkte guten Managements, die sich auch im Aufbau und als Mindset in der ISO 9001 wiederfinden. Dazu gehören zum Beispiel folgende Merksätze:

- Beende die Abhängigkeit von Qualitätskontrollen. Qualität entsteht nicht dadurch, dass man am Ende das Produkt kontrolliert, sondern dadurch, dass man sie gleich zu Beginn einbaut.
- Treibe die Angst aus dem System. Eine Kultur, in der Fehler offen angesprochen werden, hilft dir, Ursachen für Probleme zu finden, diese langfristig abzustellen und dadurch kontinuierlich besser zu werden.
- Reiße die Mauern zwischen den Abteilungen ein. Bereiche wie Einkauf, Entwicklung, Produktion und Vertrieb müssen Hand in Hand arbeiten, um Probleme für die Produktion und den Service schon frühzeitig zu erkennen und Maßnahmen einleiten zu können.
- Verzichte auf Slogans und Ziele für die Mitarbeiter, die Null-Fehler oder neue Höhen der Produktivität fordern. Erkenne, dass viele dieser Ziele nicht von den Mitarbeitern, sondern vom System beeinflusst werden und die Mitarbeiter aufgrund dieser Hilflosigkeit demotiviert werden.
- Verzichte auf feste Quoten und Leistungsvorgaben für die Mitarbeiter. Ersetze sie mit guter Führung, um den Mitarbeitern klar zu machen, warum die Aufgaben wichtig sind und erledigt werden sollten.
- Beseitige alle Hindernisse, die den Mitarbeiter daran hindern, stolz auf seine Arbeit zu sein.

Schon alleine diese kurzen Ausschnitte machen klar, dass es im Qualitätsmanagement um Strukturen und Abläufe geht – aber auch um Haltung, Philosophie und Menschen.

## 1.2   Ein paar Worte zur ISO 9001

Die ISO 9001 wurde nach dem Vorbild des Total-Quality-Managements entwickelt. Sie hat – wie alle Qualitätsmanagementsysteme – das Ziel, eine aus Kundensicht maximale Qualität dauerhaft zu gewährleisten. Sie setzt konsequent auf die intensive Beteiligung der Mitarbeiter und gute Führung durch das Management.

**Es gibt Normen für verschiedene Branchen,** sie enthalten Anforderungen, wenn man sich nach der Norm zertifizieren lassen kann, oder Impulse und Anregungen, wenn sie Grundlage für Entwicklung und Selbstbewertung sind. Nicht jede Norm ist zertifizierfähig. Die ISO 9001 gehört zu den Normen, nach denen sich ein Unternehmen zertifizieren lassen kann, auch hier haben wir uns bewusst entschieden, eine Zertifizierungsnorm als Grundlage für unser Buch auszuwählen. Falls Sie als Leser so angefixt sein sollten, dass Sie sich und Ihr Unternehmen zertifizieren lassen wollen, sind Sie mit der Lektüre des Buches schon auf einem guten Weg.

**In der Schweiz gibt es übrigens ein aus der ISO abgewandeltes Zertifizierungssystem (ISAS),** nach dem sich private Radiosender zertifizieren lassen (leider müssen). Die Abwandlung erschien notwendig, um den Sendern die Übersetzungsleistung abzunehmen. Wir stellen nicht dieses System vor, weil wir uns auch hier als Hardliner verstehen. Die ISO ist gut, so wie sie ist, die Übersetzungsleistung kann und sollte jede Organisation für sich selbst übernehmen.

**Wie alle Normen listet die ISO 9001 Betriebsbereiche** (Personal, Führung, Produktion), die nach dem TQM-Prinzip durchorganisiert werden können. Wie das geht, bleibt vollständig in der Hand der Unternehmen. Die DIN EN ISO 9001 ist ein branchenunabhängiges Modell und zudem europaweit anerkannt. Auch für Unternehmen, die keine Zertifizierung anstreben, gibt sie wichtige Impulse und Hinweise zur Unternehmensführung unter Qualitäts- und Management-Gesichtspunkten. Beschrieben sind in dieser Norm die strukturellen Anforderungen an QM-Systeme (das „WAS"). Die konkrete Ausgestaltung (das „WIE") wird nicht vorgeschrieben. Das bedeutet, dass jedes Unternehmen sein ganz individuelles QM-System nach Maß entwickeln kann. Da Deutschland ja gerne was Eigenes hat, wurde 1979 versucht, eine eigene deutsche Norm zu etablieren; das scheiterte, sodass man sich dann doch an der internationalen Norm orientierte.

**1987 erschien die ISO 9001 in deutscher Sprache.** DIN-Normen sind das Ergebnis nationaler, europäischer oder internationaler Normungsarbeit. Grundsätzlich kann jeder die Erstellung einer Norm bei der DIN beantragen. Die DIN ist das Deutsche

## 1.2 Ein paar Worte zur ISO 9001

Institut für Normung e. V., sitzt in Berlin und leitet privatwirtschaftlich organisiert als unabhängiger Projektleiter den Normungsprozess. An der Entwicklung und Weiterentwicklung von Normen in Deutschland sind rund 32.000 Experten aus Wirtschaft und Forschung, Vertreter von Verbraucherorganisationen und der öffentlichen Hand beteiligt. Handelt es sich um eine internationale Norm, entsendet die DIN Vertreter zu den europäischen oder internationalen Normungsorganisationen. So ist gewährleistet, dass die deutschen Interessen entsprechend vertreten sind. Übrigens könnten auch Sie sofort Mitglied der DIN werden. Das geht relativ einfach über die Website.[1]

**Wird eine Norm beantragt oder steht die Überarbeitung an, werden die Normungsgremien aktiv.** An der Gremienarbeit selbst können sich alle an der Normerstellung interessierte Kreise beteiligen wie beispielsweise Hersteller, Verbraucher, Handel, Hochschulen, Forschungsinstitute, Behörden oder Prüfinstitute. Sie alle entsenden Experten in die Gremien. Innerhalb der Gremien entstehen Normen im Konsens. Das heißt, die Experten verständigen sich unter Berücksichtigung des sogenannten Standes der Technik auf eine gemeinsame Version der Inhalte, die versucht, alle Interessen der Beteiligten zu berücksichtigen. Grundsätzlich ist das Verfahren so geregelt, dass Normen immer diejenigen entwickeln, die sie später auch anwenden sollen oder wollen. Das ist unter anderem wichtig, damit die Normen auf dem Markt eine Chance haben und akzeptiert werden. Vor der Verabschiedung werden die Norm-Entwürfe öffentlich gemacht und zur Diskussion gestellt. Jeder (tatsächlich jeder) darf Verbesserungen vorschlagen, die dann von den Experten geprüft und eingearbeitet werden. DIN Normen werden spätestens alle fünf Jahre auf Aktualität überprüft. Entspricht eine Norm nicht mehr dem Stand der Technik, wird der Inhalt überarbeitet, wie beispielsweise 2015 für die ISO 9001 geschehen.

**Es ist also nicht richtig, dass Normen den Firmen „übergestülpt" werden** – im Gegenteil: Die Entwicklung ist vom Grundsatz her absolut partizipativ. Alleiniger Herausgeber der ISO-Normen ist übrigens der Beuth-Verlag, der als Tochterunternehmen des DIN-Deutsches Institut für Normung e. V. nationale und internationale Normen sowie weitere technische Regelwerke vertreibt. Immer wenn das Geschäftsmodell im Rahmen von Ausbildungen oder Workshops zur ISO vorgestellt wird, fällt mindestens einmal der Satz: „Im nächsten Leben werde ich Beuth-Verlag."

---

1  www.din.de

## 1.3 Der Aufbau der Normenreihe

Die Qualitätsmanagement-Normen der ISO-Familie werden inzwischen in weit über 80 Ländern der Erde genutzt. Organisationen aller Branchen und Länder können unter gegenseitiger internationaler Anerkennung QM-Systeme gemäß der DIN EN ISO 9001 einführen und zertifizieren. Die ISO ist für alle Unternehmen gleichermaßen gut geeignet – und bei genauem Hinsehen auch für Medienunternehmen. Ein kleiner Blick auf die Abkürzungen:

DIN – Deutsche Industrie Norm
EN – Europäische Norm
ISO – Internationale Normungsorganisation
900X – Nummer der betreffenden ISO-Reihe

**Da regelmäßig auch Journalisten an unseren ISO-Schulungen teilnehmen** und Journalisten erfahrungsgemäß gerne Sachverhalte hinterfragen, stand auch die Frage im Raum, welche Norm denn wohl die Nummer 1 hat. Hier ist die Antwort: Die DIN 1 beschäftigt sich mit Kegelstiften. Die höchste Nummer ist übrigens die DIN 49999; sie zertifiziert Leuchtengläser. Diese Information können Sie gerne irgendwo in Ihrem Langzeitgedächtnis parken und vielleicht bei „Wer wird Millionär?" gewinnbringend wieder abrufen.

## 1.4 High-Level Struktur

Die ISO 9001 führt das Jahr 2015 im Namen, da dann die jüngste Überarbeitung stattgefunden hat. Neben vielen anderen Veränderungen, die die Norm sehr viel agiler, lebendiger und gestaltbarer gemacht haben, ist die einheitliche sogenannte High Level Structure (HLS) eingeführt worden. Der Hintergrund ist, dass alle Normen mehr oder weniger eine eigene Historie und „Evolution" und letztlich einen anderen Aufbau hatten, was die Kombination sehr schwierig machte.

**Sogenannte integrierte Managementsysteme** werden inzwischen von vielen Unternehmen gelebt – man kombiniert beispielsweise Qualitäts- mit Energie-, Umwelt- oder Datenmanagement. Daher sollen jetzt alle Normen den gleichen Aufbau haben: zehn Kapitel, die alle der gleichen Logik folgen. Auch die ISO 9001.

## 1.4 High-Level Struktur

**Was haben wir weggelassen?**

- Kapitel 1 der ISO: Anwendungsbereich (nur wichtig für die Zertifizierung)
- Kapitel 2 der ISO: Normative Verweisungen (braucht kein Mensch)
- Kapitel 3 der ISO: Begriffe (kann man bei Bedarf nachschlagen, wenn man sich bis zum Ende des Buches durchgearbeitet hat)
- Außerdem haben wir das QM-Handbuch weggelassen. Denn die jüngste Revision der ISO 9001 (2015) vereinfacht die Dokumentation des Qualitätsmanagement-Systems. Das vormals obligatorische Handbuch wird nicht mehr explizit gefordert.

**Womit haben wir uns beschäftigt?**

- Kapitel 4 der ISO: Kontext der Organisation – bei uns: Das große Ich bin Ich (Kapitel 5)
- Kapitel 5 der ISO: Führung – bei uns: Chefsache (Kapitel 6)
- Kapitel 6 der ISO: Planung (für das Managementsystem) – bei uns: Wir brauchen einen Plan (Kapitel 7)
- Kapitel 7 der ISO: Unterstützung – bei uns: Von nichts kommt nichts (Kapitel 8)
- Kapitel 8 der ISO: Betrieb – bei uns: Bei der Arbeit (Kapitel 9)
- Kapitel 9 der ISO: Bewertung der Leistung – bei uns: Messen, nicht glauben (Kapitel 10)
- Kapitel 10 der ISO: Verbesserung – bei uns: Aus Fehlern und Erfolgen lernen (Kapitel 11)

# Die Idee der ständigen Verbesserung als Grundidee und Methode 2

„Überlege jeden Tag, wobei Du etwas besser machen könntest" oder „Always touch a running system". Angesichts einer sich immer schneller verändernden Umwelt und täglich neuen Herausforderungen gehört die Fähigkeit zu lernen zu den Kernkompetenzen von Menschen und Systemen (also Organisationen). Lernen funktioniert in der Regel dadurch, dass Probleme verstanden und bewältigt werden und die Lösungen ins Handlungsrepertoire übergehen. Genau diesen Ansatz baut der PDCA-Zyklus nach (PDCA ist die Abkürzung für die englischen Begriffe „Plan" – „Do" – „Check" – „Act" und beschreibt einen ständigen Kreislauf des Verbesserns. Siehe auch Kapitel 11.2).

**Die Idee, auch ein funktionierendes System ständig wieder anzufassen** („Always touch a running system" als Motto des PDCA) ist anfänglich in Deutschland vielen Menschen fremd gewesen, und auch heute noch tun sich Unternehmen mit der Idee schwer. Wir Autorinnen und Autoren begrüßen sehr, dass die Idee von William Deming seit ein paar Jahren auch außerhalb des Qualitätsmanagements wieder verbreitet wird. Einige der bekanntesten agilen Ansätze wie Design-Thinking (mehrstufiger Kreativprozess zur Ideenfindung und -umsetzung, der sich konsequent am Nutzer orientiert) oder Scrum (agiles Projektmanagement aus dem IT-Bereich, wird mittlerweile aber auch in vielen anderen Bereichen angewendet) nutzen den PDCA-Kreislauf oder bauen methodisch auf ihm auf. Umgekehrt profitiert das Qualitätsmanagement übrigens genauso von den agilen Ideen – auch wir stellen ja einige Methoden aus dem agilen Universum vor.

**Der PDCA – Zyklus wurde in den 1950er Jahren von William Deming erfunden.** Mithilfe des Modells hat er als Mitglied des Beraterstabs für die japanische Wirtschaft den Japanern seine Idee erfolgreich nahegebracht. In Japan wurde der Einsatz des Deming-Kreises im methodischen Konzept Kaizen weiterentwickelt. (Das Ursache-Wirkungs-Diagramm ist beispielsweise eine Methode aus dem Kaizen, siehe Kapitel 11.4). Das Motto von Kaizen lautet: Überlege jeden Tag, wobei Du etwas besser machen könntest.

**Der PDCA-Zyklus ist auch heute noch das Grundkonzept für die Idee des Total Quality Managements.** Er ist im Kern ein iterativer vierstufiger Ansatz für Verbesserungsprozesse bei Produkten, Dienstleistungen, Systemen, Prozessen etc. Iteration bedeutet mehrfaches Wiederholen gleicher oder ähnlicher Handlungen zur Annäherung an eine Lösung oder ein bestimmtes Ziel (Kernidee von Design-Thinking und Scrum). Im Kontext Qualitätsmanagement gilt der Zyklus als „Vater" der Modelle für Entwicklung, Veränderung und Verbesserung. Die Phasen beschreiben die systematische Entwicklung von Ideen, das Durchlaufen von Test- und Bewertungsphasen sowie das Implementieren von Ideen, die zu funktionieren scheinen.

**Entscheidend ist in diesem Zusammenhang die Idee des Kreislaufs.** PDCA-Denken hört nie auf, ist man einmal drin, gibt es weder Anfang noch Ende. Statt als Kreis kann man sich die Idee auch als Spirale vorstellen, da jeder Durchlauf die Organisationen theoretisch weiter nach vorne bringt. Im QM-Alltag geht es darum, das Denken und Handeln in solchen kleinen und größeren Zyklen in den Köpfen und den Prozessen zu verankern. Auch das Prozessmodell der ISO folgt dieser Idee. In einem Normentwurf zur DIN EN ISO 9001 wurde vorgeschlagen, den PDCA-Zyklus in dreifacher Weise zu nutzen:

„1) Aufrechterhaltung: Maßnahmen ergreifen, um die Leistung auf der gegenwärtigen Stufe aufrechtzuerhalten und die Ziele zu erfüllen;
2) Verbesserung: Maßnahmen ergreifen, um die Leistung auf eine höhere Stufe zu steigern und die Ziele zu erfüllen oder zu übertreffen;
3) Innovation: Maßnahmen ergreifen, um die Leistung durch Erzeugen und Nutzen neuen Wissens grundlegend umzugestalten" (DIN 2014, S.16).

**Konkret kann der Zyklus entsprechend als Raster genutzt werden ...**
- bei der Einführung von Total-Quality-Management-Strukturen im Unternehmen (siehe Kapitel Das ist nicht das Ende)
- im Kontext der ständigen Verbesserung von Abläufen und Strukturen
- bei der Suche nach Lösungen für ein Problem
- im Rahmen von Veränderungsmanagement oder Entwicklung (egal was ...)
- bei der Projektplanung
- in der strategischen Planung

## 2 Die Idee der ständigen Verbesserung als Grundidee und Methode

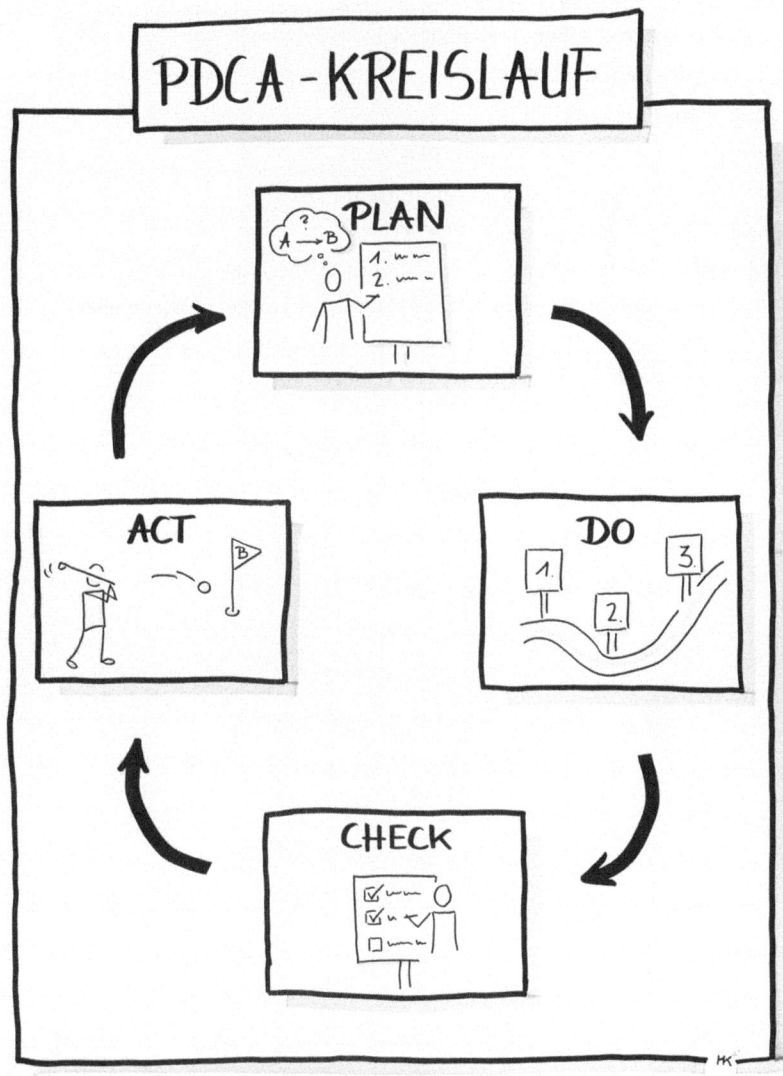

**Abb. 2.1** PDCA-Zyklus
Darstellung Marion Kenklies

Nach unserer Erfahrung bewirkt allein die konsequente Verfolgung der PDCA-Idee im Redaktionsalltag schon unglaublich viel.

Sie haben eine neue Idee? PDCA.

Sie haben ein Problem? PDCA.

Sie wollen ihre Abläufe verbessern? PDCA.

Sie wollen QM in Ihrer Redaktion einführen? PDCA.

Sie wollen Ihr Leben verbessern? PDCA.

Für den vorletzten Punkt haben wir am Ende des Buches noch eine kurze Anleitung als Unterstützung für Sie (siehe Kapitel Das ist nicht das Ende). Jetzt aber erst mal rein in die ISO.

PDCA als Methode wird im Kapitel 11.4 erklärt.

# Anleitung zum Lesen 3

In den einzelnen Kapiteln erzählen wir Ihnen, was jeweils in der Norm steht. Wir tun das mit unseren eigenen Worten und haben bewusst Aspekte weggelassen. Wir wollen Sie nicht zum ISO-Experten machen, sondern wir wollen Ihnen die Logik schmackhaft machen. Wenn Sie also mehr wissen wollen, erfreuen Sie den Beuth-Verlag und schaffen sich vielleicht eine Norm an. Macht sich gut auf dem Nachttisch. Damit Sie wissen, was auf Sie zukommt, haben wir ein paar Brocken aus der ISO im Originaltext beigefügt.

**Die „Neulich-In" – Geschichten** kommen Ihnen vielleicht bekannt vor oder auch nicht. Wir als Autorinnen und Autoren haben nicht jede davon selbst erlebt, wissen aber sicher, dass sie sich so oder ähnlich zugetragen haben.

**Weil Qualitätsmanagement so viel mit Haltung zu tun hat,** laden wir Sie in jedem Kapitel zu einer kleinen Reflexion ein. Wenn Sie mit Reflexion nichts anfangen können, lesen Sie einfach weiter. Vielleicht kommen Sie später zurück.

**Und dann folgt der Methodenteil** (Sie erinnern sich: Mindset und Methode). Jede und jeder von uns hat ihre und seine Lieblingsmethoden beigesteuert. Sie profitieren also hier von unseren All-Time-Favorites. Wenn Sie mit Methoden arbeiten, wissen Sie, es gibt nicht die EINE perfekt passende Methode, sondern ausschließlich kontextbezogen zielführende Methoden. Für einige Methoden brauchen Sie etwas Material. Dazu gehören z. B. Stifte, Papier, Klebezettel in verschieden Größen und Farben, Flipcharts und ggf. Moderations- (Metaplan-) Wände. In der Anleitung der Methoden von uns im Weiteren „Moderationsausstattung" genannt.

Probieren Sie also gerne aus, ob unsere Methoden Sie zum Ziel führen. Wenn nicht, wandeln Sie sie ab, machen Sie sie besser oder erfinden Sie neue. Wenn Sie mögen, lassen Sie uns daran teilhaben. Wir freuen uns über jede neue Idee.

Fazit: Unsere Idee von Qualitätsmanagement ist agil und lebendig und praxis- und nutzenorientiert. Es ist in erster Linie eine Haltung und in zweiter Linie Konsequenz, Geduld und Methode. Und in dieser Haltung wollen wir Sie auf die Reise durch die Kapitel schicken.

# Mind the GAPZ 4

Wir erreichen gleich Kapitel 5, der Ausstieg ist in Fahrtrichtung links. Und noch ganz wichtig für die Weiterreise:

**MIND THE GAPZ**

**Abb. 4.1** Mind the GAPZ
Darstellung Marion Kenklies

© Springer Fachmedien Wiesbaden GmbH, ein Teil von Springer Nature 2019
C. Chang-Langhorst et al., *Qualität managen*, Journalistische Praxis,
https://doi.org/10.1007/978-3-658-24005-9_4

In London werden Sie in der U-Bahn immer darauf aufmerksam gemacht, dass es da einen Spalt gibt zwischen Bahnsteigkante und der Tür des Zuges. Überall hängen Schilder mit dem Hinweis: „Mind the Gap!", damit Sie nicht aus Versehen hineinfallen. Damit Sie bei der täglichen Arbeit nicht auf die Nase fallen, haben wir darauf aufbauend den Merksatz „Mind the GAPZ" kreiert. Er enthält die Anfangsbuchstaben der vier wichtigsten Elemente unserer Qualitätsmanagement-Haltung.

G steht für „Ganzheitlich denken".

A steht für „Aenderung gestalten".

P steht für „Prozesse leben".

Z steht für „Ziele definieren".

**Ganzheitlich denken bedeutet**, dass Sie bei der Beschäftigung mit Qualitätsmanagement über kurz oder lang lernen werden, nicht mehr linear zu denken und zu handeln, sondern dass der oben beschriebene PDCA-Zyklus in Fleisch und Blut und Hirn übergeht. Sie werden überdies gar nicht mehr anders können, als bei Entscheidungen und Handlungen auch immer gleich mitzudenken, welche Schnittstellen zu anderen Personen oder Prozessen es gibt und was es bedeutet, wenn Sie an dieser oder jener Stellschraube etwas verändern.

**Aenderung gestalten ist unser Plädoyer** dafür, sich nicht seufzend den „immer rasanter werdenden Veränderungen" in der Medienbranche auszuliefern oder hinterherzurennen, sondern sich aktiv mit diesen zu beschäftigen. Haben Sie den Mut anzuerkennen, dass Änderungen und Veränderungen ein natürlicher und unentbehrlicher Teil eines jeden Systems sind. Gestalten Sie notwendige Änderungen, indem Sie sich unermüdlich damit auseinandersetzen, was Ihr Unternehmen braucht, um in der Zukunft weiter erfolgreich zu sein. Oder womöglich noch erfolgreicher zu sein.

**Prozesse leben heißt in unserer Vision,** dass Prozesse nicht nur einmal vereinbart und aufgeschrieben werden – und dann in der Schublade oder auf der Festplatte verstauben. Definierte Prozesse sind das wichtigste Element einer vernünftigen Arbeitsorganisation. Sie gemeinsam zu vereinbaren und wie vereinbart durchzuführen, sorgt für eine gleichbleibend gute Qualität Ihrer Produkte. Prozesse unterliegen aber auch – wie alles andere in einem lebendigen System – Änderungen und Veränderungen. Deswegen wollen sie immer wieder angefasst, verändert und damit angepasst werden (Always touch a running system!).

## 4 Mind the GAPZ

**Ziele definieren ist deswegen so wichtig**, damit Sie und Ihr Team wissen, wo die Reise hingehen soll und wieviel der Wegstrecke Sie schon zurückgelegt haben. Ziele sind nicht nur Auflagen-, Abo-, Klickzahlen- oder Quotensteigerungen. Alles, was wir bei der täglichen Arbeit tun, sollte ein Ziel verfolgen – und jeder sollte wissen, was das für ein Ziel ist. Wenn das Team die gemeinsamen Ziele kennt, dann liegt der Weg dahin für jeden einzelnen Mitarbeiter oft schon ganz klar auf der Hand. Ziele zu definieren, bedeutet, genau vor Augen zu haben, wohin man will.

„**Mind the GAPZ**" können Sie sich gerne als Grafik auf unserer Website www.qualitaet-managen.de kostenlos downloaden, ausdrucken und im Büro aufhängen. Nach diesem Mindset zu handeln und zu entscheiden, wird die Arbeit in der Redaktion einfacher und effizienter machen und schließlich immer bessere Produkte hervorbringen. Lesen Sie dieses Buch immer mit „Mind the GAPZ" im Hinterkopf – und wenn es Ihnen Spaß macht, finden Sie gerne heraus, welcher dieser Punkte in welchem Kapitel und hinter welcher Methode ganz besonders im Vordergrund steht.

Die Reise beginnt! „Sänk ju for träwelling wis as!!"

# Das große Ich bin Ich

5

> **Zusammenfassung**
>
> Warum ist es sinnvoll, sich immer wieder mit sich selbst zu beschäftigen? Wer sind wir? Was wollen wir? Für wen machen wir das? Wen geht das was an? Wer und was beeinflusst die Art und die Weise, wie wir arbeiten? Im Kapitel 4 der ISO (Kontext der Organisation) geht es um die Themen Rahmenbedingungen, interessierte Parteien, Kunden und Zielgruppen, Kontext und Markt und Prozessorientierung. Die Methodenbox liefert Handwerkszeug für die Umsetzung.

> **Schlüsselwörter**
>
> Interessierte Parteien, Zielgruppen, Markt, USP, interne und externe Themen, Kontext, Status-Quo-Diagramm, Konkurrenz-Analyse, Stakeholder-Analyse, Prozess-Canvas

## 5.1 Neulich in der Redaktion

**„So. Und hier kommen wir in das Herzstück unseres Betriebes.** Hier arbeiten die Kolleginnen und Kollegen der Sportredaktion." Sarah, eigentlich BWL-Studentin, verdient sich bei der Zeitung ein paar Euro extra, indem sie wie jetzt perfekt lächelnd Besuchergruppen durch das Verlagsgebäude führt, eine Bausünde aus den 80ern mit viel zu großen schwarzen Vögeln auf zu dunklen Fensterfronten.

© Springer Fachmedien Wiesbaden GmbH, ein Teil von Springer Nature 2019
C. Chang-Langhorst et al., *Qualität managen*, Journalistische Praxis,
https://doi.org/10.1007/978-3-658-24005-9_5

Diese Führungen macht sie zweimal pro Woche; jedes Mal folgen ihr 20, 25 Köpfe und allerhand Dunstwolken. Und mindestens einmal in der Woche putzt Ludger, der Sportredakteur, mit Tempo und Spucke die Fettfinger von den Pokalen der Stadtmeisterschaften weg, die er stolz auf die Anrichte zwischen Tür und den Wasserkästen platziert hat. Man sollte die schmucken Trophäen woanders hinstellen. Vielleicht in eine Vitrine. Alarmgesichert. Hinter Panzerglas.

„Was mir noch nicht ganz klar ist", meldet sich plötzlich ein junger Kerl ziemlich spitzmündig zu Wort, vielleicht 16, 17, und irgendwie sieht der so kariert aus, obwohl er nichts dergleichen anhat. „Sie sagten vorhin, dass der Verlag die Krise der sinkenden Auflagenzahlen mit digitalen Geschäftsmodellen bewältigen will. Welche Modelle sind denn das genau?"

„Gute Frage", denkt sich Ludger, und Sarah sagt: „Gute Frage". Und sie ergänzt: „Großes Augenmerk legen wir zukünftig auf den Verkauf von digitalem Inhalt, also E-Papers und Digital-Abos. Und wir intensivieren die digitale Werbevermarktung." „Ah ja", erwidert der Typ wichtigtuerisch und klingt dabei so, als gebe er seinen Segen. „Ah ja", erwidert auch Ludger im Stillen, „E-Papers. Digitale Werbevermarktung. Super. Wie schön, dass zumindest unsere 400-Euro-Studentin die Vision des Unternehmens kennt."

## 5.2 Die Perspektive der ISO auf Rahmenbedingungen, Zielgruppen und Märkte

*„Man wirft den Menschen immer vor, dass sie ihre Mängel nicht erkennen. Noch weniger aber kennen sie ihre Stärken. Sie sind wie das Erdreich. In vielen Grundstücken sind Schätze verborgen, aber der Besitzer weiß nichts von ihnen."* (Jonathan Swift)

Um diese Schätze heben zu können, wirft die Norm Fragen auf, die auf den ersten Blick vielleicht marginal erscheinen, es auf den zweiten aber gewaltig in sich haben. Keine Sorge, dabei geht es nicht darum, das ganze Unternehmen auf den Kopf zu stellen und von Grund auf neu nach festgelegten Standards aufzubauen. Vielmehr geht es darum, sich das Vorhandene bewusst zu machen, in den Blick zu nehmen, wer man ist, was man für wen erreichen will, was man schon hat und darauf aufbauend zu erkennen, was man noch braucht und wie man am erfolgreichsten agiert.

## 5.2 Die Perspektive der ISO

Die ISO lenkt die Aufmerksamkeit auf die Organisation, ihre Rahmenbedingungen, ihre Zielsetzungen und ihre Besonderheiten. Deswegen heißt dieses Kapitel bei uns: Das große Ich bin Ich.

- Entdecke Dein Alleinstellungsmerkmal (unique selling point = USP).
- Bestimme Deinen Marktwert.
- Identifiziere Freund und Feind.
- Mach Erfolgreiches zum Standard.

**Bei ihrer Standortbestimmung unterscheidet die ISO zwischen „externen und internen Themen".** Sie fordert dazu auf, zunächst einen Schritt zurückzutreten und sich die ganze Sache mal von außen anzugucken. In welchem rechtlichen Rahmen arbeiten wir? Wer macht uns welche Vorgaben? Welche technischen Möglichkeiten haben wir? Wo liegen unsere technischen Grenzen? Was macht uns als Redaktion so einzigartig und grenzt unser Produkt von anderen ab? Wo stehen wir am Markt? Was können wir viel besser als die anderen und was können die anderen viel besser als wir? Gibt es da vielleicht auch die eine oder andere Sache, bei der wir uns schon ewig abstrampeln und nie auch nur ein Stückchen weiterkommen? Die Antworten auf diese Fragen sind häufig irgendwo in den Köpfen vorhanden, in der Regel eher diffus und nicht kommuniziert. Die ISO lädt dazu ein, diese Informationen zu bündeln und immer wieder zu nutzen: in Konferenzen als Entscheidungsgrundlage, in Strategie-Workshops, bei der Einstellung von Mitarbeitern und so weiter.

Nach den internen Themen folgt der Blick auf die externen Themen. Zum „externen Kontext" gehört beispielsweise die Überlegung, in welchem wirtschaftlichen, sozialen und kulturellen Umfeld man sich bewegt. Dazu könnte der Durchschnittsverdienst gehören, das Gefälle von Arm und Reich, der Bildungsgrad der Bevölkerung, die Struktur der Wirtschaft vor Ort, die größten Arbeitgeber, die Arbeitslosenquote, der Ausländeranteil, die Mitgliederzahlen von Kirchen, Parteien und Vereinen und vieles andere mehr. Es geht aber auch um die Marktpositionierung, die Konkurrenz und ja – auch um gesetzliche und behördliche Vorgaben, die einzuhalten sind. Stimmt! Es kostet einiges an Zeit, all diese Daten zu recherchieren und aufzubereiten, deswegen stellt sich berechtigterweise die Frage, wofür das gut sein soll. Die Idee der Norm ist es:

**„Die Erfordernisse und Erwartungen interessierter Parteien"** zu verstehen. „Interessierte Parteien" sind schlicht und einfach alle Menschen, Organisationen, Verbände, Vereine, usw., die in irgendeiner Form mit der Redaktion oder ihrem Produkt in Verbindung stehen oder davon berührt werden. Und das sind unglaublich viele! Dazu gehören nicht nur Hörer, Leser, User oder Zuschauer. Das sind auch Behörden, Kommissionen, Intendanten, gesellschaftliche Gruppen,

Marketingabteilungen, Ethik-Räte, Werbekunden, vielleicht auch Religionsgemeinschaften oder der örtliche Dackel-Club. Das ist für jede Redaktion anders. Intern gibt es dann noch die eigenen Mitarbeiter, die freien Mitarbeiter, die Agenturen und Zulieferer, Technik-Dienstleister, die Putzfrau und den Mann, der morgens die Zeitung bringt. Sie alle stehen irgendwie mit der Redaktion in Verbindung. Sicherlich hat der Intendant einen anderen Stellenwert und andere Ansprüche als der Zeitungsmann. Aber genau darum geht es: herauszufinden, welche Erwartungen diese Gruppen, Menschen und Institutionen haben. Im ISO-Deutsch heißt es, welche „Anforderungen" sie an das Unternehmen stellen. Dabei geht es gar nicht darum, am Ende „Everybody's Darling" zu sein und es allen recht zu machen. Es geht darum, sich bewusst zu machen, in welchem Spannungsfeld von Interessen man sich als Redaktion bewegt. All diese Informationen helfen unter anderem dabei:

**Eine Haltung zu finden.** Und diese Haltung ist Grundlage für alle Aktivitäten und Entscheidungen: programmlich, redaktionell, finanziell, personell. Sich bewusst zu machen, wer welche Ziele verfolgt, wenn er sich mit der Redaktion in Verbindung setzt, hilft dabei, Einflüsse, die unbewusst die redaktionelle Arbeit instrumentalisieren, zu erkennen. Lässt man sich vielleicht auch ganz bewusst mal vor den einen oder anderen Karren spannen? Und ist das abhängig davon, wer gerade welchen Dienst tut? Interne und externe Themen zu kennen, ist die Grundlage für die Verständigung über Werte und Normen wie die ethischen Grundsätze der Redaktion, die gemeinsame Vision für die Zukunft, die Mission, die Leitlinien für die Berichterstattung und so weiter (siehe auch Kapitel 6 – Chefsache). Sich und sein Umfeld zu kennen, ist aber im ISO-Verständnis auch wichtig für die Ablauforganisation, nämlich:

**Wie tun wir das, was wir tun?** Die ISO schlägt für die Organisation des Arbeitsalltags einen prozessorientierten Ansatz vor. Das heißt, dass man sich für alle wichtigen (Routine)-Arbeitsprozesse auf einen definierten Anfang, ein definiertes Ende und einen festgelegten Ablauf einigt. Ein Gedanke, bei dem die rechte Gehirnhälfte aller Journalisten sofort aufschreit und auf die Barrikaden geht: „Ich bin Künstler! Das ist der Tod der Kreativität!" Die Erfahrung zeigt, dass nicht immer die Hälfte Recht hat, die am lautesten krakeelt. Die linke Gehirnhälfte sehnt sich vielleicht still und leise nach mehr Struktur und Verlässlichkeit. Und vor Prozessen muss niemand Angst haben.

**Prozesse laufen sowieso schon jeden Tag in jeder Redaktion in allen Bereichen ab.** Es macht Spaß und ist sehr erkenntnisreich, sich bewusst zu machen, wie die Arbeit organisiert ist und ob sie so sinnvoll organisiert ist. Wie sich das Team auf

## 5.2 Die Perspektive der ISO

eine Morningshow vorbereitet: ist ein Prozess. Wie ein Artikel geschrieben wird: ist ein Prozess. Wie mit einer Beschwerde umgegangen wird: ist ein Prozess. Wie eine Beitragsabnahme erfolgt: ist ein Prozess. Selbst wie Kaffee und Büromaterialien nachbestellt werden, wie Geräte gewartet werden und Aircheck oder Blattkritik gemacht werden: All das sind Prozesse. In der Regel sind es Abläufe, die sich im Laufe der Jahre so ergeben haben und die jeder neue Mitarbeiter „learning by doing" eingeimpft bekommt. Sie sind „historisch gewachsen", daher wird selten nachgefragt, ob sie so sinnvoll sind. Wo keine Vorgabe, da keine Einheit. Oft macht es jeder dann doch ein bisschen anders als der andere und man weiß nie so genau, wer es denn tatsächlich „richtig" macht.

**Die ISO lädt ein zum Frühjahrsputz in Sachen Arbeitsabläufe**: Welche Prozesse laufen eigentlich tagtäglich in unserer Redaktion ab? Welche sind die wichtigsten, welche sind nicht ganz so entscheidend? Welche sind völlig sinnlos? Für welche wichtigen Arbeitsabläufe gibt es gar keine Regelungen? Welche sind eigentlich schon längst überholt?

**Die wichtigsten Prozesse sind im Normen-Deutsch die sogenannten Kernprozesse.** Sie regeln die Art und Weise, wie sichergestellt ist, dass ein Unternehmen am Ende ein Produkt in der Hand hält. Verbraucher erwarten normalerweise von ihrem gekauften Produkt, dass es immer die gleiche Qualität hat. Der Schokoriegel soll immer gleich schön im Mund schmelzen und die Pommes im Ofen immer gleich schön kross werden und die Zeitung immer gleich schön interessant und regional. Um diese Zuverlässigkeit nachhaltig und dauerhaft zu gewährleisten, ist die Prozessorientierung im Verständnis der ISO der einzig gangbare Weg. Prozesse, die zuverlässig gleich ablaufen und so zuverlässig Qualität garantieren, weil jeder Mitarbeiter genau weiß, was er wann und wie zu tun hat.

**Auf Medien übertragen bedeutet das**, zumindest die Kernprozesse zu regeln und aufzuschreiben, sodass die Erwartungen des Hörers, Zuschauers, Lesers oder Users ebenso zuverlässig erfüllt werden. Und das ist nicht nur viel sinnvoller, sondern auch viel interessanter, als man am Anfang so denkt. Wer sich mit Prozessen auseinandersetzt, findet in der Regel einiges an Verbesserungspotential. Reibungs- und Zeitverluste werden vermieden, weil Verantwortlichkeiten und Arbeitsabläufe geklärt sind. Es gibt keinen Interpretations- und Diskussionsspielraum mehr nach dem Motto: „Ich hatte das aber so verstanden, dass wir das soundso machen." Neue Mitarbeiter sind sehr schnell eingearbeitet, weil sie schwarz auf weiß nachlesen können, was wie zu tun ist. Das Wichtigste aber ist: Prozesse sorgen dafür, dass immer ein gewisser Qualitätsstandard gewährleistet ist.

**Qualität ist dann nicht mehr abhängig vom Zufall oder vom Engagement einzelner Personen.** Für alle, die jetzt wieder das Thema Kreativität ins Spiel bringen: Kreative Prozesse sind – obwohl sie so heißen – keine Prozesse im ISO-Verständnis. ISO-Prozesse sind linear und das ist gut so. Kreative (Denk-)Prozesse sind alles andere als linear und das ist auch gut so. Wie passt das zusammen? Über Prozesse im ISO-Verständnis regelt die kluge Redaktion ihre Routinevorgänge und beantwortet die Frage: Was soll immer genauso gemacht werden, weil es einfach sinnvoll ist und sich bewährt hat? So verschafft man sich Freiraum und Rahmen für kreative (Denk-)Prozesse. Die einzige Frage in diesem Zusammenhang wäre dann noch: Wie statten wir den Raum für die kreativen Köpfe aus, damit das Denken ordentlich zirkulieren kann (siehe dazu dann Kapitel 8 – Von nichts kommt nichts).

▶ **Fazit:** Haltung gibt Orientierung und Zuverlässigkeit ist das Gegenteil von Zufall.

### Hand aufs Herz

- Können Sie konkret sagen, was Ihre Redaktion einzigartig macht für Ihre Mitarbeiter und für Ihre Zuschauer/Hörer oder Leser?
- Nennen Sie spontan drei Dinge, von denen Sie wissen, dass Sie sie besser machen als andere.
- Nennen Sie spontan drei Dinge, wo andere besser sind.
- Ist Ihnen bewusst, wo es sich nicht lohnt, weiter hinterherzuhecheln, weil andere immer besser sein werden?
- Wie oft lassen Sie sich unbewusst vor einen Karren spannen? Und warum?
- Können Sie sicher sein, dass das, was gestern gut gelaufen ist, heute genauso gut gemacht wird? Auch wenn heute das andere Team Dienst hat?

## 5.3 ISO-Häppchen im Wortlaut[2]

„Die Organisation muss externe und interne Themen bestimmen, die für ihren Zweck und ihre strategische Ausrichtung relevant sind und sich auf ihre Fähigkeit auswirken, die beabsichtigten Ergebnisse [...] zu erreichen."

---

2 Qualitätsmanagementsysteme – Anforderungen (ISO 9001:2015), Deutsche und Englische Fassung EN ISO 9001:2015, November 2015, Kapitel 4

„Aufgrund ihrer Auswirkung bzw. ihrer potentiellen Auswirkung auf die Fähigkeit der Organisation zur beständigen Bereitstellung von Produkten und Dienstleistungen, die die Anforderungen der Kunden und die zutreffenden gesetzlichen und behördlichen Anforderungen erfüllen, muss die Organisation
a. die interessierten Parteien [...]
b. die Anforderungen [...] dieser Parteien bestimmen."

„Die Organisation muss die Prozesse bestimmen, die [...] benötigt werden [...] und muss in erforderlichem Umfang
a. dokumentierte Informationen aufrechterhalten, um die Durchführung ihrer Prozesse zu unterstützen,
b. dokumentierte Informationen aufbewahren, sodass darauf vertraut werden kann, dass die Prozesse wie geplant durchgeführt werden."

## 5.4 Methodenbox

### Status-Quo-Diagramm

Das Status-Quo-Diagramm nutzen Sie, um den eigenen Status Quo im Vergleich zum Idealzustand darstellen zu können. Im Unterschied zum Radardiagramm (Kapitel 6 –Chefsache) arbeitet man im Status-Quo-Diagramm mit qualitativen Bewertungsgrößen.

**Das kann die Methode:**
- Darstellung des qualitativen Ist-Zustands.
- Beschreibung von Qualitätsdimensionen anhand von Kriterien.
- Definition von Verbesserungspotentialen.
- Visualisierung.

**Rahmen:** Workshop, Strategie-Meeting

**Vorbereitungszeit:** keine

**Durchführungszeit:** ca. 90 Minuten

**Gruppengröße:** kleine Gruppen (bis ca. 6 Personen)

**Material:** Moderationsausstattung

**So gehen Sie vor:**

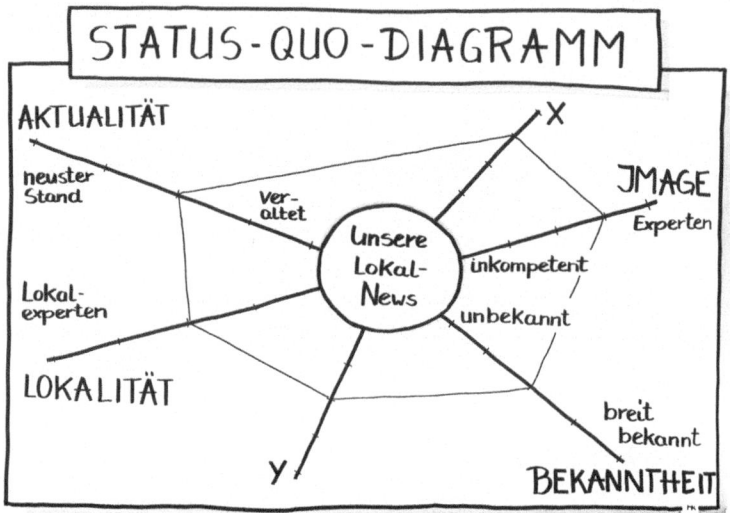

**Abb. 5.1** Beispiel Status-Quo-Diagramm
Darstellung Marion Kenklies

**Schritt 1:** Dimensionen der Qualität definieren (Brainstorming).

**Schritt 2:** Für jede Dimension Skalenwerte (Kriterien) ermitteln, die die Qualität aufsteigend bis zum Idealzustand beschreiben (entweder gemeinsam im Team festlegen oder aus zum Beispiel Qualitätsleitbildern, Styleguides etc. entnehmen).

**Schritt 3:** Die entsprechenden Skalenwerte in das Diagramm eintragen.

**Schritt 4:** Status quo für jede Dimension ermitteln und vermerken (entweder als Selbstbewertung oder durch Nutzung der Daten aus der Marktforschung).

**Schritt 5:** Alle Punkte des Status quo wie bei einem Spinnendiagramm miteinander verbinden. Die Grafik verdeutlicht, wie weit sie vom Idealzustand an den einzelnen Achsen und insgesamt noch entfernt sind. Wird ein Status-Quo-Diagramm immer wieder erstellt, kann man diese übereinander legen und so Veränderungen im Laufe der Zeit deutlich machen.

## 5.4 Methodenbox

**Achtung:**
Es geht in den wenigsten Fällen darum, den Idealzustand auch tatsächlich zu erreichen; allerdings stellt jeder Schritt in diese Richtung schon eine Verbesserung dar. Beachten Sie, dass die Methode ausschließlich der Visualisierung dient.

**Anschlussmethoden:** SMARTe Ziele, Kraftfeld-Analyse

**Varianten:** ebenfalls für Personal-, Team- und Produktweiterentwicklung anwendbar

**Zusammenhang:** Change-Management, Projekt-Management

**Quelle / Referenz:**
Florian Rustler, *Denkwerkzeuge der Kreativität und Innovation* (Zürich: Midas Management Verlag, 6. Auflage / 2017)

### Konkurrenz-Analyse

Die Konkurrenz-Analyse ist eine Methode, mit der Sie Informationen über die Konkurrenz sammeln und systematisch auswerten, um daraus für die eigene Entwicklung Nutzen zu ziehen.

**Das kann die Methode:**
- Stärken und Schwächen der Konkurrenz aufzeigen.
- Eigene Entwicklungen vorantreiben.
- Eigenen USP entwickeln.

**Rahmen:** Workshop, Strategie-Meeting

**Vorbereitungszeit:** keine

**Durchführungszeit:** je nach Komplexität ein bis mehrere Stunden

**Gruppengröße:** Einzelpersonen, Zweier-Teams, kleine Gruppen (bis ca. 6 Personen)

**Material:** Moderationsausstattung

**So gehen Sie vor:**
**Schritt 1:** Festlegen des zu vergleichenden Bereichs wie Innovationskraft, Talentförderung etc.
**Schritt 2:** Identifizieren der relevanten Mitbewerber.
**Schritt 3:** Bewerten des Mitbewerber-Angebots.
**Schritt 4:** Vergleichsbetrachtung.

**Achtung:**
Auch wenn „Marktführerschaft" ein erstrebenswertes Ziel ist, so ist es oft aus unterschiedlichen Gründen nicht immer realistisch. Trotzdem kann man sowohl von den „Großen" als auch von den „Kleinen" im Markt lernen.
Eine umfassende Konkurrenz-Analyse ist sehr aufwendig; es ist sinnvoll, sich auf Teilaspekte zu konzentrieren.
Konkurrenz-Analysen sollten Sie regelmäßig durchführen.

**Anschlussmethoden:** Status-Quo-Diagramm, Ursache-Wirkungs-Diagramm, SWOT-Analyse

**Varianten:**
Benchmarking. Hier vergleicht man einzelne Bereiche/Aspekte branchenübergreifend, um von den Besten zu lernen.

**Zusammenhang:** Projektmanagement, Change-Management

**Quelle / Referenz:**
Die Konkurrenzanalyse basiert auf der Wettbewerbsanalyse und geht auf den US-amerikanischen Ökonom Michael E. Porter zurück.
*Michael E. Porter, Competitive Strategy. Techniques for Analyzing Industries and Competitors (New York: The Free Press, 1980)*

## Stakeholder-Analyse

Die Stakeholder-Analyse zeigt Ihnen auf, welches Interesse und welchen Einfluss bestimmte Personen bzw. -gruppen an bzw. auf Ihre Organisation haben. Bevor Sie in Ihrer Organisation Änderungen vornehmen, machen Sie eine Stakeholder-Analyse. Die Visualisierung erfolgt über eine Vierfelder-Matrix.

## 5.4 Methodenbox

**Das kann die Methode:**
- Interessengruppen und ihre Anforderungen und Erwartungen transparent machen.
- Einflussgrößen identifizieren.
- Visualisieren.

**Rahmen:** Workshop

**Vorbereitungszeit:** 15 Minuten

**Durchführungszeit:** 30 bis 60 Minuten

**Gruppengröße:**
Die Methode lebt davon, dass die Teams multiperspektivisch zusammengestellt sind. Das bedeutet, dass die Gruppen so zusammengesetzt sind, dass möglichst viele Stakeholder und deren Interessen identifiziert werden können.

**Material:** Moderationsausstattung

**So gehen Sie vor:**

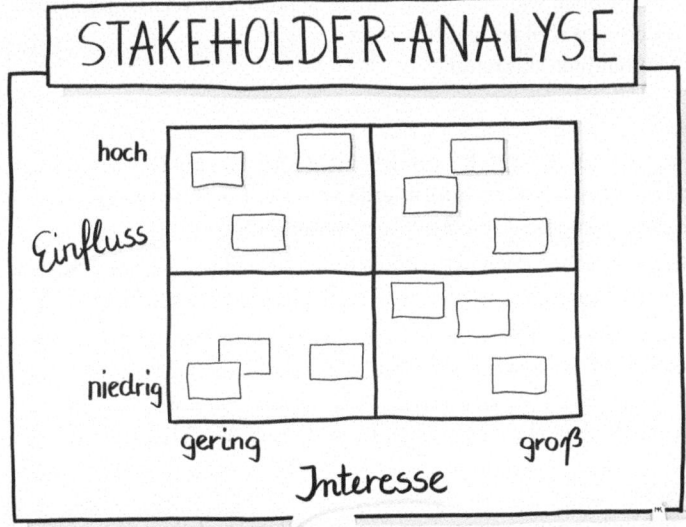

**Abb. 5.2** Skizze Stakeholder-Analyse
Darstellung Marion Kenklies

**Schritt 1:** Liste der Stakeholder erstellen (Einzelpersonen, Gruppen, Gremien etc.). Folgende Fragestellungen können dabei hilfreich sein:
- Wer wird von den Veränderungen betroffen sein?
- Wer kann die Umsetzung der Ergebnisse be- oder verhindern?
- Wer kann bei der Erarbeitung und/oder Umsetzung helfen?
- Wer hat sonst noch irgendein Interesse (positiv oder negativ)?

Jede Person / Gruppe / Gremium / etc. auf eine Karte schreiben.

**Schritt 2:** Erstellen eines Koordinatensystems. Sinnvoll ist meist die Einteilung nach Einfluss und Interesse auf den jeweiligen Achsen.

**Schritt 3:** Verteilung der Karten in dem Koordinatensystem:
- Großes Interesse und hoher Einfluss im Quadranten rechts oben
- Großes Interesse und niedriger Einfluss im Quadranten rechts unten
- Hoher Einfluss und geringes Interesse im Quadranten links oben
- Niedriger Einfluss und geringes Interesse im Quadranten links unten

**Schritt 4:** Ergebnisse bewerten und weitere Schritte bestimmen.
- Jedes der vier Felder einzeln betrachten und überlegen, welche Überraschungen, Chancen und Risiken sich aus der Zuordnung ergeben.
- Mögliche Fragen: Müssen konkrete Maßnahmen ergriffen werden? Muss der Umgang mit den Stakeholdern angepasst werden? Sind Stakeholder aufgetaucht, die nicht im Blick waren? Sind wichtige Stakeholder vernachlässigt worden? Sind andere Stakeholder überbewertet?
- Erste Maßnahmen skizzieren.

**Achtung:**
Manchmal ist es für den Erfolg hilfreich, nicht alle Stakeholder über das Ergebnis der Stakeholder-Analyse zu informieren. Wer will beispielsweise schon gerne erfahren, dass er zwar viel Interesse, aber wenig Einfluss hat?
Gerade bei längeren Projekten ist es sinnvoll, die Stakeholder-Analyse zwischendurch anzupassen und daraufhin wieder neue Strategien zu entwickeln.
Bei sehr umfangreichen Projekten bieten sich mehrere Stakeholder-Analysen an, die zum Beispiel zwischen internen und externen Stakeholdern unterscheiden.

**Anschlussmethoden:** Handlungsplan, Projektplan, SMARTe Ziele

**Varianten:**
Gegebenenfalls können auch andere Parameter im Koordinatensystem sinnvoll sein: viel Einfluss / wenig Einfluss oder Ablehnung / Zustimmung bezüglich der jeweiligen Veränderungsvorhaben.

## 5.4 Methodenbox

**Zusammenhang:** Projektmanagement, Change-Management

**Quelle / Referenz:**
Der Begriff „Stakeholder" wurde erstmal 1963 durch das Stanford Research Institute eingeführt. In der Literatur des strategischen Managements taucht der Begriff „Stakeholder" allerdings erst mit der Veröffentlichung von *Edward R. Freeman, Stockholders and Stakeholders – A new perspective on Corporate Governance (Cafifornia Management Review: Oakland, 1984)* auf.

### Prozess-Canvas

Canvas bezeichnet die Art und Weise der Visualisierung von Zusammenhängen (Canvas = Leinwand / Leinen).

Der erste Schritt zum Prozess ist in der Regel ein gemeinsames Verständnis über Ziele, Rahmen, Voraussetzungen etc. So sichern Sie Abläufe und vermeiden Missverständnisse, Unklarheiten und Unsicherheiten. Sie sorgen für Übersichtlichkeit.

Die Prozess-Canvas können Sie auch als eine Art Deckblatt für Prozesse verstehen, das alle Aspekte (Umstände) eines Prozesses abbildet.

**Das kann die Methode:**
- Alle relevanten Umstände und Aspekte eines Prozesses übersichtlich darstellen.

**Rahmen:** Workshop, Audit

**Vorbereitungszeit:** keine

**Durchführungszeit:** 2 Stunden bis ein ganzer Tag, je nach Komplexität des Prozesses

**Gruppengröße:** kleine Gruppen (bis ca. 6 Personen) und mittlere Gruppen (bis ca. 20 Personen); arbeitsfähig sind in der Regel Gruppen von 5 bis 7 Personen, bei größeren Gruppen sollte arbeitsteilig vorgegangen werden.

**Material:** Moderationsausstattung, evtl. Canvas als Vorlage

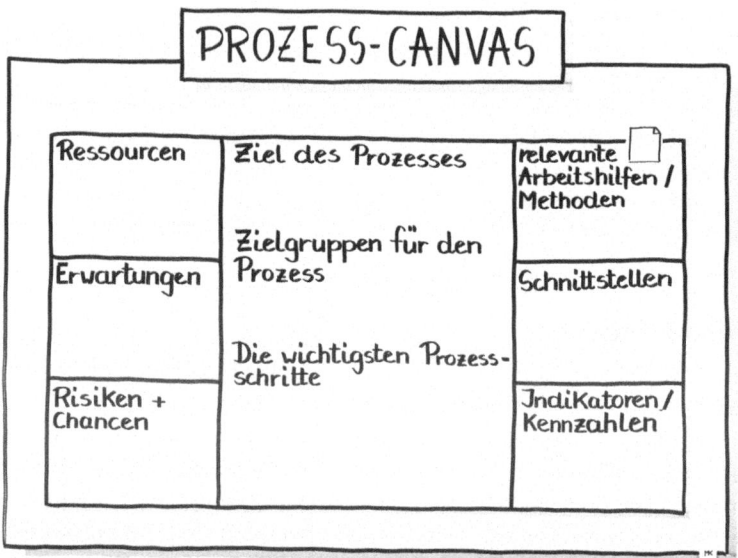

**Abb. 5.3** Vorlage Prozess-Canvas
Darstellung Marion Kenklies

**Erläuterungen zu den Feldern:**

**Ziel:** Welche Erwartungen knüpfen wir an den Prozess? Wobei soll der Prozess uns helfen? Was soll der Prozess für uns tun? Was soll er regeln?

**Zielgruppen:** Wer hat ein Interesse am Ergebnis des Prozesses? Wer hat was davon, dass wir uns so organisieren?

**Erwartungen:** Was erwarten die Zielgruppen vom Prozess? Welche Bedarfe oder Bedürfnisse sollen erfüllt werden?

**Risiken und Chancen:** Was kann schiefgehen? Welche Risiken gibt es in Bezug auf den Prozess oder das Ergebnis des Prozesses? Welche Chancen ergeben sich für uns, wenn wir den Prozess genauso durchführen?

**Indikatoren / Kennzahlen:** Woran erkennen wir, dass wir Ziele erfüllt haben? Wie wird deutlich, dass die Erwartungen erfüllt sind? Wie können wir unseren Erfolg messen?

**Prozessschritte:** Was soll auf jeden Fall immer gemacht werden – egal, wer den Prozess durchführt und wann der Prozess abläuft?

## 5.4 Methodenbox

**Ressourcen:** Was brauchen wir, um den Prozess gut durchführen zu können? (Zeit, Ausstattung, bestimmte Kenntnisse, bestimmte Personen etc.)

**Dokumente / Werkzeuge:** Was sind die wichtigsten Hilfsmittel? (Leitfäden, Checklisten, Prozessbeschreibungen, das Buch „Qualität managen" etc.)

**Schnittstellen:** Welche Prozesse grenzen an den beschriebenen Prozess? Wer arbeitet mit dem Ergebnis weiter?

**So gehen Sie vor:**

**Schritt 1:** Prozessrahmen mithilfe der den Feldern zugeordneten Fragen strukturieren; die abgebildete Reihenfolge hat sich als sinnvoll erwiesen. Die Canvas idealerweise mit den am Prozess beteiligten Personen erstellen.

**Schritt 2:** Wenn alle Felder gefüllt sind, abschließend prüfen:
- Ist der Prozess jetzt so organisiert, dass er das Potenzial hat, die formulierten Chancen zu stärken?
- Ist der Prozess jetzt so organisiert, dass er dazu geeignet ist, die definierten Risiken in den Griff zu bekommen oder komplett zu vermeiden?
- Ist der Prozess so aufgestellt, dass er mit einer hohen Wahrscheinlichkeit dazu führt, dass die Ziele erreicht und die Erwartungen erfüllt werden?

Wenn nein:
- Wie können wir den Prozess anpassen / optimieren?

**Achtung:**
Ein Prozess ist nicht in Stein gemeißelt und für die Ewigkeit gemacht. Er muss von Zeit zu Zeit daraufhin überprüft werden, ob er noch sinnvoll ist. (Mind the GAPZ!)

Ein Prozess regelt den Normalfall. Ausnahmen und Abweichungen sind möglich, müssen dann jedoch begründet werden.

**Anschlussmethoden:** Flussdiagramm

**Varianten:** Produkt-Canvas

**Zusammenhang:** Prozessmanagement, Fehlersuche, Verbesserungsmanagement, Arbeitsorganisation, Prozesscontrolling

**Quelle / Referenz:**
In diesem Buch werden verschiedene Ansätze für Canvas vorgestellt. Sie alle basieren auf der ursprünglichen Version, der Business Model Canvas, einem Management-Instrument zur Erstellung von Businessplänen. Die Business Model Canvas

gilt als „Mutter aller Canvas" und geht auf Alexander Osterwalder zurück, der die Methode im Rahmen seiner Dissertation entwickelt hat. Als die Nachfrage wuchs, brachten Osterwalder und sein Professor Yves Pigneur mit dem Buch „Business Model Generation" ein Handbuch 2010 mit Praxisbeispielen heraus.

Grundlage für alle Canvas ist jeweils eine Übersicht mit mehreren Feldern, in denen relevante Aspekte des Projektes / Modells etc. aufgezeigt werden. Die Canvas-Idee funktioniert am besten, wenn ein Team gemeinsam an der Entwicklung arbeitet und der jeweilige Entwicklungsstand immer für alle sichtbar ist. Also Canvas an die Wand, Team davor und los geht's. Egal, wie Sie Ihr Canvas aufbauen – in die Mitte gehört das Produkt / das Herzstück. Alles andere gruppiert sich drumherum.

*Alexander Osterwalder, Yves Pigneur, Business-Model-Generation – ein Handbuch für Visionäre, Spielveränderer und Herausforderer (Frankfurt am Main: Campus-Verlag GmbH, 2011)*

Hier wird die Business Model Canvas ausführlicher dargestellt: *https://t3n.de/news/business-model-canvas-methode-556148/.*

Die Canvas-Idee haben wir kombiniert mit Elementen einer Methode, die eigentlich zur Durchführung von internen Audits entwickelt wurde (und genutzt wird), nämlich die Turtle. Die Elemente der Felder entsprechen den Themen der Turtle. Die Turtle-Methode wurde ursprünglich in der Automobilindustrie entwickelt und dient zur Vorbereitung auf eine Prozessanalyse.

Ausführliche Informationen zur Turtle finden Sie hier: *https://www.inf.uni-hamburg. de/de/inst/ab/itmc/research/completed/promidis/instrumente/turtle-methode*

# Chefsache 6

> **Zusammenfassung**
>
> Welche Rolle spielen Managementkompetenzen bei journalistischen Führungskräften? Was heißt Qualitätspolitik und wie formuliert man gute Ziele? Wie bezieht man sinnvoll Mitarbeiter ein? Im Kapitel geht es um die ISO-Themen Führung, Qualitätspolitik und Qualitätsziele sowie Kundenorientierung. Die Methodenbox liefert Hilfestellung zur Umsetzung.

> **Schlüsselwörter**
>
> Qualität, Politik, Ziele, Kunden, Kundenorientierung, Rollen, Führung, Radar-Diagramm, Fremd- und Selbstbewertung, KANO, Aufsteigendes Verfahren (AI), RACI, Ideenpate

## 6.1 Neulich in der Konferenzzone

Dr. Schulte überfliegt nochmals kurz das Manuskript und tadelt im Geiste seine Referentin. „So unpersönlich, so wenig auf mich zugeschnitten", denkt er. Dabei lieben es doch seine Zuhörer in der Regel, wenn er den Ideen und großen Vorhaben einen Namen gibt, seinen Namen. Und von dieser Warte aus versäumt er es als Chef selbstverständlich nie, seiner Mannschaft und natürlich Frauschaft für die konsequente Gefolgschaft zu danken. Gut 300 von ihnen sitzen im großen Konferenzraum und sehen ihn nun nur wenig verspätet auf seinen Lieblingsplatz zusteuern: das Rednerpult.

© Springer Fachmedien Wiesbaden GmbH, ein Teil von Springer Nature 2019
C. Chang-Langhorst et al., *Qualität managen*, Journalistische Praxis,
https://doi.org/10.1007/978-3-658-24005-9_6

„Mein Credo ist, dass wir die Menschen da abholen müssen, wo sie sind." Ab Reihe 3 werden Augen verdreht, ab Reihe 7 Sätze halblaut vervollständigt, „… denn die Bäume wachsen nicht in den Himmel." Dr. Schulte erinnert daran, dass jeder auch immer crossmedial denken müsse, dass sich Journalisten nur im Stile von Triathleten behaupten können und dass die alten Strukturen nicht zukunftsfähig seien. Das kommt dem Publikum ziemlich bekannt vor. Denn so hatte er es schon im vergangenen Jahr gesagt und Lösungen versprochen. Ein großer Umbau sollte kommen. Mit einem breiten Grinsen präsentiert er nun Pläne, wer immer die im stillen Kämmerlein geschmiedet hat: „Wir bauen um. Die Redaktionsräume werden neu gestaltet."

**Schultes unentwegt nickende Referentin klickt derweil Powerpoint-Folien weiter,** die Folienübergänge im lustigen Zufallsmodus. Zu sehen sind ein Plan A und ein Plan B, Grundrisse der Büroflächen mit dicken roten Pfeilen, die Umzugsszenarien veranschaulichen sollen, und viele Kreise, die für fleißige Arbeitsgruppen in der Geschäftsleitung stehen. Nicht zu sehen sind crossmediale Workflows, Verantwortlichkeiten, ein System, inhaltliche Lösungen der neuen Herausforderungen, eine Vision. „Sie sehen", so der Dr., „es nimmt alles schon sehr konkrete Formen an. Und ich will da mit gutem Beispiel vorangehen. Gestern habe ich beispielsweise ein paar hervorragende Antworten in einem Fernsehinterview gegeben. Und darum habe ich den Kollegen, der mich interviewt hat, gleich gefragt: Und? Ist das auch online zu sehen?"

## 6.2 Die Perspektive der ISO auf Führung in den Medien

Chef-Sein ist eine große Aufgabe. Es genügt schon lange nicht mehr, ein guter Journalist zu sein, ein Gespür für Themen zu haben und Texte redigieren zu können. Redaktionsleiter von heute müssen „nebenbei" auch noch jede Menge Management-Aufgaben erledigen. Das Problem: Den Journalismus hat der Chefredakteur „von der Pike auf" gelernt. Wie man führt, hat ihm aber niemand beigebracht.

**Führung heißt aber nicht nur, die Redaktionskonferenz zu leiten und die Dienstpläne zu schreiben.** Führung heißt auch, eine Gesamtstrategie zu haben, Mitarbeiter umsichtig, transparent und motivierend zu leiten. Dafür zu sorgen, dass sich der Redaktionsalltag immer um den Kunden dreht und vereinbarte Ziele konsequent verfolgt werden. Führung ist nicht delegierbar. Deswegen heißt dieses Kapitel bei uns Chefsache.

## 6.2 Die Perspektive der ISO auf Führung in den Medien

- Leaders are always on stage.
- Redaktionen brauchen handwerkliche Fähigkeiten und Manager-Qualifikationen.
- Ein guter Chef denkt strategisch und handelt geplant.
- Der Chef macht den Kunden zum König.

**Chef sein heißt präsent sein.** Das meint die Norm damit, wenn sie von „Führung und Verpflichtung zeigen" spricht. Der Chef verbringt nicht abgekoppelt vom Rest der Mannschaft den Tag alleine in seinem Büro und verschwindet am Abend ungesehen wieder. In der Redaktion wird die Handschrift der Leitung im Prinzip in allen Bereichen deutlich. Die Mitarbeiter merken, dass der Chef ganz genau weiß, was in seiner Redaktion vor sich geht, wo die Stärken und Schwächen liegen, in welchem Umfeld das Team gemeinsam agiert und in welchem Spannungsfeld es sich bewegt.

**Die ideale Führungsperson im Kontext ISO kennt das Team und jeden Einzelnen.** Sie weiß, was die Mitarbeiter können und wissen und wen man am besten mit welchen Aufgaben betrauen kann. Der Chef ist Ansprechpartner für seine Leute: wenn es Probleme gibt, aber auch für Ideen und Verbesserungsvorschläge.

**Chef sein heißt transparent sein.** Die Mitarbeiter sind darüber im Bilde, wohin es gehen soll und was sie selbst dazu beitragen können, damit das Unternehmen erfolgreich ist. Der Chef übernimmt dafür die Verantwortung. Damit ist nicht gemeint, dass er von Schreibtisch zu Schreibtisch hetzt und seiner Crew permanent auf die Finger schaut – oder noch schlimmer: haut. Er muss auch nicht den Praktikanten an die Hand nehmen. Aber:

**Chef sein heißt den Rahmen vorgeben und aufrechterhalten.** In diesem Sinn ist es gut, wenn die Mitarbeiter ihren Chef kennen und wissen, was in seinem Kopf vor sich geht, weil er sich regelmäßig und gut nachvollziehbar mitteilt. Noch besser wäre es allerdings, er würde nicht nur sprechen, sondern auch dokumentieren (lassen?). So können die Mitarbeiter die wichtigen Dinge nachlesen. Rahmen, Vereinbarungen und Regelungen zu verschriftlichen, sorgt darüber hinaus für Verbindlichkeit. Dann gibt es keinen Interpretationsspielraum mehr.

**Ein guter Chef befasst sich mit den Herausforderungen und Chancen der Zukunft** und hat eine klare Vorstellung davon, wo sein Laden in den nächsten fünf oder zehn Jahren stehen soll. Ihm ist klar, dass sich das Produkt ständig weiter verbessern und mit den sich wandelnden Umständen mitwachsen muss. Seine Gesamtstrategie (oder um mit der ISO zu sprechen: seine Qualitätspolitik) bildet den Rahmen für die Arbeit auf allen Ebenen. Weil er weiß, dass er Ziele nicht alleine erreichen kann, erläutert er seinen Mitarbeitern diese Strategie und legt mit ihnen gemeinsam fest, was in den einzelnen Bereichen des Unternehmens dafür getan werden muss. Für diese Ziele macht die ISO keine Vorgaben oder liefert allgemein verbindliche Schablonen. Jede Redaktion bestimmt ihre eigenen. Aus ISO-Sicht ist allerdings wichtig, dass die Kundenorientierung immer im Mittelpunkt aller Aktivitäten und Überlegungen steht. Heißt: Den Hörer, User, Zuschauer oder Leser glücklich zu machen, schwebt als gemeinsame Idee immer über den Köpfen im Großraumbüro. Und der Chef geht in diesem Zusammenhang mit gutem Beispiel voran.

**Chef sein heißt Vorbild sein.** Ein Grundsatz, der mindestens schon seit den Zeiten von Nobelpreisträger Albert Schweitzer bekannt ist, der sagte: „Ein Beispiel zu geben, ist nicht die wichtigste Art, wie man andere beeinflusst. Es ist die einzige." Insofern lebt der aus ISO-Sicht ideale Chef nicht nur den Spaß an der Arbeit und höchste Motivation vor, sondern vor allem auch den Grundsatz der Kundenorientierung. Er ist derjenige, der immer wieder nachfragt und zu Diskussionen anregt: Ist es das, was unsere Leser von uns erwarten? Was würde unsere Hörer begeistern? Ist das hier wirklich das, was der Zuschauer sehen will? Welche gesellschaftlichen Entwicklungen gibt es? Welche Bedürfnisse und Wünsche zeichnen sich ab? Wie sprechen wir User so an, dass sie sich angesprochen fühlen? Und ist das, was wir gestern vereinbart hatten, heute noch aktuell? Kundenorientierung vorzuleben heißt: alles dafür zu tun, die Zufriedenheit der Kunden langfristig immer weiter zu verbessern. Am Ende stehen im ISO-Verständnis nicht nur zufriedene, sondern begeisterte Kunden. Getreu dem Motto „Begeisterung ist ansteckend" lenkt die ISO entsprechend auch den Blick auf die Ressourcen und Arbeitsbedingungen in Redaktionen.

**Chef sein heißt für gute Arbeitsbedingungen sorgen.** Oder anders formuliert: für die Musik zu bezahlen, die man bestellt hat. Will der Chef, dass man neben Radio auch Fotostrecken für die Website macht und Videos für den Youtube-Kanal dreht, ist es nur folgerichtig, die Mitarbeiter entsprechend zu schulen, sicherzustellen, dass ihnen die passende Ausrüstung zur Verfügung steht und sie genügend Zeit haben, um diese Dinge umzusetzen.

**Zu guten Arbeitsbedingungen gehören im ISO-Verständnis auch eine gute Planung** und verlässliche Arbeitsabläufe. Und auch in diesem Zusammenhang wird der Chef in die Pflicht genommen. Er ist dafür verantwortlich, dass die Abläufe und Funktionen in der Redaktion nicht nur definiert sind, sondern auch allen Mitarbeitern klar und gegenwärtig, statt durch Mundpropaganda verbreitetes Geheimwissen zu bleiben. So stellt die Führungsperson sicher, dass die relevanten

Prozesse beschrieben sind und wie geplant auch durchgeführt werden (vgl. dazu Kapitel 8). Wenn Mitarbeiter besondere Aufgaben übernehmen oder eine bestimmte (Führungs-)Rolle in der Redaktion einnehmen, macht der Chef transparent, worin die Rollen und Verantwortlichkeiten bestehen und warum wer auf welchem Posten sitzt.

**Auch wichtig: Der Chef überlegt sich auch, an welchen Stellen und in welchen Situationen die Dinge mal nicht planmäßig laufen könnten.** Dafür hat er einen Plan B, der im besten Fall nicht zum Einsatz kommt. Diese Art des „risikobasierten Denkens" fördert er auch bei seinen Mitarbeitern.

▶ **Fazit:** Führung heißt vorbildlich managen.

### Hand aufs Herz

- Wie viele der Ziele, die auf der letzten Klausurtagung erarbeitet wurden, haben Sie im Alltag umgesetzt?
- Woran merken Ihre Mitarbeiter, dass die Kunden bei Ihnen im Mittelpunkt stehen?
- Welche Management-Qualifikationen haben Sie?
- Welche Management-Aufgaben (nicht journalistische Tätigkeiten) erfüllen Sie in Ihrem Unternehmen?
- Was sind die drei wichtigsten strategischen Zielsetzungen für die nächsten fünf Jahre?

## 6.3   ISO-Häppchen im Wortlaut[3]

„Die oberste Leitung muss in Bezug auf das Qualitätsmanagementsystem Führung und Verpflichtung zeigen, indem sie:
[...]die Anwendung des prozessorientierten Ansatzes und das risikobasierte Denken fördert;
sicherstellt, dass die für das Qualitätsmanagementsystem erforderlichen Ressourcen zur Verfügung stehen;

---

3   Qualitätsmanagementsysteme – Anforderungen (ISO 9001:2015), Deutsche und Englische Fassung EN ISO 9001:2015, November 2015, Kapitel 5

Personen einsetzt, anleitet und unterstützt, damit diese zur Wirksamkeit des Qualitätsmanagements beitragen;
Verbesserung fördert;
andere relevante Führungskräfte unterstützt, um deren Führungsrolle in deren jeweiligem Verantwortungsbereich deutlich zu machen."

„Die oberste Leitung muss im Hinblick auf die Kundenorientierung Führung und Verpflichtung zeigen, indem sie sicherstellt, dass
die Anforderungen der Kunden [...] verstanden und beständig erfüllt werden.
die Risiken und Chancen [...] bestimmt, verstanden und beständig erfüllt werden.
der Fokus auf die Verbesserung der Kundenzufriedenheit aufrechterhalten wird."

„Die oberste Leitung muss sicherstellen, dass die Verantwortlichkeiten und Befugnisse für relevante Rollen innerhalb der gesamten Organisation zugewiesen, bekannt gemacht und verstanden werden."

## 6.4 Methodenbox

### Radar-Diagramm zur Selbst- und Fremdbewertung

Mit dem Radardiagramm visualisieren Sie Einschätzungen oder Bewertungen und ermöglichen den Vergleich zwischen der eigenen Einschätzung und der Einschätzung weiterer Beteiligter. Das Radar-Diagramm funktioniert genauso wie das Status-Quo-Diagramm aus Kapitel 5. Allerdings erfolgt die Bewertung anhand einer Zahlenskala. Im Qualitätsmanagement wird die Methode zur Darstellung des „Reifegrades" des Qualitätssystems wie auch zur Darstellung von Kompetenzen oder Qualifikationen genutzt. Der Visualisierung voraus gehen die Festlegung von Bereichen oder Kriterien und die Bewertung selbst (auf einer Zahlenskala).

**Das kann die Methode:**
- Überblick verschaffen über die Differenz zwischen Ist- und Soll-Zustand.
- Stand der Dinge dokumentieren.
- Entwicklungspotenziale und Stärken deutlich machen.

**Rahmen:** Einzelgespräche, Coaching, Training, Teambesprechungen, Selbstreflexion

**Vorbereitungszeit:** 15 Minuten bis mehrere Stunden (je nachdem, wie oft man die Methode schon durchgespielt hat und ob die Kriterien schon vereinbart sind)

## 6.4 Methodenbox

**Durchführungszeit:** 10 Minuten bis mehrere Stunden (je nach Anzahl der beteiligten Personen und Intensität der Bewertung)

**Gruppengröße:** kleine Gruppen (bis ca. 6 Personen)

**Material:** Excel

**So gehen Sie vor:**

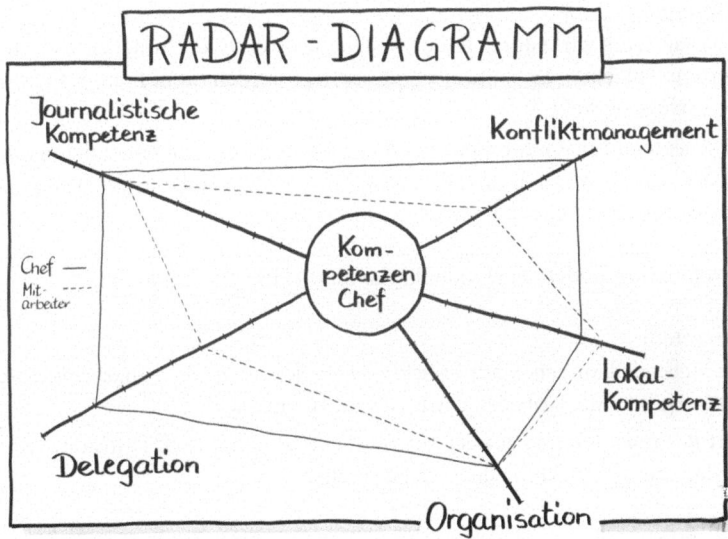

**Abb. 6.1** Beispiel Radar-Diagramm
Darstellung Marion Kenklies

**Schritt 1:** Kriterien festlegen.
**Schritt 2:** Radardiagramm in Excel anlegen.
**Schritt 3:** Bewertungen auf einer Skala von 1 – 10 vornehmen.
**Schritt 4:** Weitere Personen bitten, eine Einschätzung vorzunehmen (Mitarbeiter/-innen, Coaches …).
**Schritt 5:** Ergebnisse auswerten.
**Schritt 6:** Auffälligkeiten reflektieren.

**Schritt 7:** Maßnahmen ableiten

**Excel-Anleitung:**
- Alle Kriterien in eine Spalte eintragen.
- In weiteren Spalten entweder Personen oder Zeiträume eintragen.
- Bewerten.
- Über die Funktion „Einfügen" findet man die Diagrammvorlagen. Für das Radar-Diagramm braucht man die Variante „Netz".

**Achtung:**
Das Diagramm wirkt durch seine Darstellung objektiv, die hinterlegten Daten sind aber rein subjektiv. Es sollte also gut überlegt werden, wem man das Diagramm zur Verfügung stellt.

Entscheidend für die Methode ist, wie die Bewertungsinformationen gewonnen werden. Dies kann anonym (Führungskräftefeedback) oder in der Gruppe passieren, je nach Zusammenhang.

**Anschlussmethoden:** Fortbildungsplanung, Maßnahmenplanung

**Varianten:**
Die Methode kann auch auf Projekte, Dienstleistungen etc. angewendet werden. Hierbei gilt es, die Kriterien entsprechend anzupassen.

Statt Personen können auf der entsprechenden Achse auch Zeiträume vermerkt werden, um Entwicklung deutlich zu machen.

**Zusammenhang:** Personalentwicklung, Kompetenzentwicklung, Selbstbewertung

**Quelle / Referenz:**
Das Diagramm wurde schon 1877 von dem Statistiker Georg von Mayr verwendet.
*Georg von Mayr, Die Gesetzmäßigkeit im Gesellschaftsleben = Die Naturkräfte. Eine naturwissenschaftliche Volksbibliothek. Band 23. (Oldenbourg, München 1877)*

## Kundenanforderungen mit KANO

Der Erfinder des Modells ist Noriaki Kano. Daher der Name.

Das Kano-Modell ist ein sehr hilfreiches Denkmodell, das das Thema Kundenanforderungen sehr fokussiert und systematisiert betrachtet. Es hilft Ihnen dabei, sich strukturiert mit Kundenwünschen zu beschäftigen.

## 6.4 Methodenbox

**Das kann die Methode:**
- Grundlagen für die Gewinnung von Stammkunden legen.
- Kundenbindung unterstützen.
- Die Auseinandersetzung mit Kundenanforderungen systematisieren.

**Rahmen:** Strategie-Workshops, Klausuren

**Vorbereitungszeit:** keine

**Durchführungszeit:** 30 Minuten bis mehrere Stunden

**Gruppengröße:** mittlere Gruppen (bis ca. 20 Personen), bei mehr Personen empfiehlt sich Gruppenarbeit

**Material:** Moderationsausstattung

**Erläuterungen zur Grundidee:**
Das Modell unterscheidet grundsätzlich zwischen Basismerkmalen, Leistungsmerkmalen und Begeisterungsmerkmalen in Bezug auf die Erfüllung von Kundenanforderungen.

**Basismerkmale** zur Erfüllung von Kundenanforderungen sind so grundlegend und selbstverständlich, dass sie dem Kunden erst bewusst werden, wenn sie nicht erfüllt werden. Werden Grundanforderungen nicht erfüllt, entsteht eine hohe Unzufriedenheit. Werden sie erfüllt, entsteht jedoch nicht automatisch Zufriedenheit. Basismerkmale sind implizite Muss-Kriterien!
Beispiel: Mein Radiosender bringt Nachrichten zur vollen Stunde.

**Leistungsmerkmale** sind dem Kunden bewusst. Er kann sie nennen und beschreiben, wenn er gefragt wird. Werden Leistungsmerkmale nicht erfüllt, sorgt das für Unzufriedenheit, werden sie erfüllt, entsteht Zufriedenheit. Leistungsmerkmale sind die klassischen Qualitätsmerkmale. Sie lassen sich durch Marktbeobachtungen oder Marktbefragungen ermitteln. Der Kunde unterscheidet anhand der Leistungsmerkmale, welche Leistung er in Anspruch nimmt oder welches Produkt er kaufen will.
Beispiel: Meine Zeitung berichtet in den Nachrichten aus meiner Stadt und formuliert so, dass ich verstehe, um was es geht.

**Begeisterungsmerkmale** sind Merkmale, mit denen der Kunde nicht gerechnet hat, die aber genau seine Bedürfnisse treffen. Begeisterungsmerkmale unterscheiden das Produkt oder die Leistung im Verständnis des Kunden deutlich von konkurrierenden Produkten oder Dienstleistungen. Der Kunde ist begeistert. Begeisterungsmerkmale haben den größten Nutzen in Bezug auf Kundenbindung.

Beispiel: Mein Online-Portal berichtet über Dinge, mit denen ich nie gerechnet hätte, die aber sehr spannend sind. Ich freue mich jeden Tag auf neue Geschichten.

**So gehen Sie vor:**
Das Kano-Modell ist weniger eine Handlungsmethode, sondern es gibt vielmehr Anlass, über sein Produkt/seine Produkte nachzudenken. Es gibt verschiedene Varianten und Szenarien, in denen Sie sie anwenden können (s. u.).

**Achtung:**
Das Begeisterungsmerkmal von heute ist relativ bald das Leistungsmerkmal von morgen. Begeisterung muss immer wieder aufs Neue geweckt werden. Der Kunde übernimmt Begeisterung in seinen Leistungskatalog und fordert die Merkmale dann explizit ein – als Leistungsmerkmal.

Unter Umständen übernimmt der Wettbewerb dann die Leistungsanforderungen, und so wird sie bald zur Basisanforderung.

**Anschlussmethoden:** Handlungsplan, Entwicklungs-Canvas, Radar-Diagramm zur Fremd- und Selbstbewertung, Konkurrenz-Analyse

**Varianten:**
**Variante 1:** Die Idee des Kano-Modells beispielsweise für ein Brainstorming in der Redaktion nutzen, um mehr Verständnis für die Wünsche und Bedürfnisse der Zielgruppen zu entwickeln. (Was sind für unsere Kunden Basis-, Leistungs- und Begeisterungsmerkmale?)

**Variante 2:** Bewusst vornehmen, weitere Begeisterungsmerkmale auszubauen, und zwar immer wieder neu.

**Variante 3:** Die Idee des Kano-Modells als Grundlage für faktengestütztes Feedback verwenden. (Welche Begeisterungsanforderungen, welche Leistungsanforderungen sind erfüllt worden? Welche Basisanforderungen sind vielleicht sogar unter den Tisch gefallen?)

**Variante 4:** Stellen Sie in der Konferenz als erstes jeweils die ernstgemeinte Frage: Womit haben/oder wollen wir unsere Leser / Hörer / Zuschauer / User heute begeistert / begeistern.

## 6.4 Methodenbox

**Zusammenhang:** Personalentwicklung, Kompetenzentwicklung, Selbstbewertung

**Quelle / Referenz:**
Das Modell wurde 1978 von Noriaki Kano, Professor an der Tokyo University of Science, entwickelt. Neben den oben genannten Merkmalen werden im Originalmodell noch die „Unerheblichen Merkmale" (führen weder zur Zufriedenheit noch zur Unzufriedenheit, unabhängig davon, ob sie da sind oder nicht) und die „Rückweisungsmerkmale" (führen, wenn vorhanden, zu Unzufriedenheit, wenn nicht vorhanden, trotzdem nicht zur Zufriedenheit) aufgeführt.

*Kano, N., Seraku, N., Takahashi, F.; Tsuji, Attractive Quality and Must-be Quality (Journal of the Japanese Society for Quality Control, 1984)*

### Aufsteigendes Verfahren

Das Aufsteigende Verfahren ist eine Methode, um einen Konsens zu bestimmten Fragestellungen partizipativ herzustellen. Sie können das Verfahren hervorragend in der Entwicklung von Leitbildern, Redaktionsstatuten, Qualitätspolitik oder einem gemeinsamen Qualitätsverständnis nutzen.

Die Methode lebt davon, dass jeweils nur zwei Perspektiven miteinander in Einklang gebracht werden müssen und trotzdem am Ende die Perspektive jeder Person enthalten ist.

**Das kann die Methode:**
- Konsens herstellen.
- Austausch gewährleisten.

**Rahmen:** Workshop, Klausur

**Vorbereitungszeit:** ca. eine Stunde für den Moderator im Verfahren

**Durchführungszeit:** vier Stunden bis ein bis zwei Tage

**Gruppengröße:** mittlere Gruppen (bis ca. 20 Personen), große Gruppen (ab ca. 20 Personen); ideal sind mindestens 16 Personen, nach oben hin gibt es eigentlich keine Grenze, der Prozess dauert dann entsprechend länger (unsere höchste Teilnehmerzahl waren 100 Personen mit einem zur Verfügung stehenden Tag).

**Material:** Vorbereitete Leitfragen, viel Moderationsausstattung, ggf. Mikrofone. Bei sehr großen Gruppen brauchen Sie mehrere Moderatoren und unter Umständen Protokollanten. (Bewährt hat sich dafür Graphic Recording – eine Methode, bei der Diskussionen als Comics dargestellt werden.)

**Erläuterungen zu möglichen Fragestellungen,** deren Antworten sich später im Leitbild wiederfinden (Felder und Fragen können variiert werden):

Arbeits- und Kompetenzfelder: Was tun wir? Was können wir besonders gut? Wer sind wir? Was ist unser selbstgewählter und/oder organisationsspezifischer Auftrag?

Qualität der Dienstleistung: Was verstehen wir unter Qualität? Worauf kann man sich bei uns verlassen? Was garantieren wir? Was ist für uns selbstverständlich?

Informieren und kommunizieren: Wie gehen wir mit Informationen um? Wie kommunizieren wir miteinander? Wie gehen wir mit Kontroversen um?

Mitarbeiter: Was zeichnet uns als Mitarbeiter aus? Was eint uns? Wie wünschen wir uns den idealen Kollegen?

Führung: Wie wollen wir führen und geführt werden?

Kunden: Wie sehen wir unsere Kunden und wie gehen wir mit ihnen um?

Stakeholder und Kooperationspartner: Wie sichern wir die Zusammenarbeit? Was bieten wir als Partner? Was bieten wir als Auftraggeber? Wie verstehen wir uns in Netzwerken? Welche Aufgaben übernehmen wir gerne und was ist uns dabei wichtig?

Ressourcen: Was steht uns außerdem zur Verfügung? Welche besonderen Hilfsquellen haben wir zur Verfügung? Welche Kraftquellen, welche Energien stehen uns zur Verfügung? Worauf können wir zurückgreifen? Wie gehen wir mit Ressourcen um?

**So gehen Sie vor:**

**Schritt 1:** Jeder Teilnehmer beantwortet die Leitfragen für sich in Einzelarbeit anhand einer vorbereiteten Checkliste.

**Schritt 2:** Zwei Personen bilden jeweils ein Team. Sie tauschen sich aus. Am Ende einigen sie sich auf maximal sieben Sätze, die ihre wichtigsten Impulse / Ideen etc. zu einer Fragestellung gut zusammenfassen. Die Sätze werden jeweils auf eine Moderationskarte geschrieben. Hier ist es wichtig, dass die Sätze nicht zu lang (aber vollständig) sind und nicht zu viele Aspekte enthalten. Es sollte immer nur ein Kernthema im Satz enthalten sein.

**Schritt 3:** Jeweils zwei Teams kommen in einer Vierergruppe zusammen. Sie tauschen sich aus. Am Ende einigen sie sich auf maximal sieben Sätze zu jeder Fragestellung, die von beiden Teams gut vertreten werden können. Dabei können

## 6.4 Methodenbox

sowohl Sätze vollständig übernommen als auch neu formuliert werden. Wenn sich Diskussionen verhärten, bietet es sich ggf. an, beide Positionen mitzunehmen. Oft ergibt sich im weiteren Verlauf eine Lösung.

**Schritt 4:** Jeweils zwei Viererteams gehen in eine Achtergruppe zusammen ... So wird weiter verfahren, bis am Ende die gesamte Gruppe wieder zusammenkommt.

**Schritt 5:** Die Ergebnisse werden redaktionell überarbeitet und in eine gut zu kommunizierende Textform gebracht.

**Achtung:**
Im späteren Verlauf kann (muss) man mit Stellvertretern arbeiten, die im Auftrag der Gruppen miteinander diskutieren. Dazu werden sie von der Gruppe gebrieft. Die Diskussion selbst erfolgt dann im sogenannten Fish-Bowl-Verfahren. Die Stellvertreter sitzen oder stehen in der Mitte und diskutieren und verhandeln. Alle anderen sitzen oder stehen im Kreis um die Stellvertreter herum. Sie schalten sich nicht in die Diskussion ein. Intervention ist nur am Ende der Fish-Bowl-Diskussion erlaubt und auch nur dann, wenn es einem Gruppenmitglied aus wichtigen, zwingenden Gründen notwendig erscheint.

Sobald die Gruppen eine Größe von acht Personen erreicht haben, sollten Rollen vergeben werden. Beispiele:
- Zeitwächter (siehe Time-Boxing, Kapitel 9.4)
- Protokollant
- Regelwächter (achtet auf den Umgangston und das wertschätzende Miteinander)
- Gruppenvertreter (siehe oben)

**Anschlussmethoden:** Redaktionelle Überarbeitung, Veröffentlichung, Ableitung von Zielen aus dem Leitbild, Festlegung von Indikatoren oder Kennzahlen zum Leitbild

**Varianten:** siehe Achtung

**Zusammenhang:** Change-Management, Selbstbewertung

**Quelle / Referenz:**
Das Aufsteigende Verfahren gehört zu den Verfahren und Methoden, die im Zusammenhang LKQT (Lerner- und Kundenorientierte Qualitätstestierung) durch die ArtSet Forschung Bildung Beratung GmbH empfohlen werden.
*Rainer Zech, Handbuch Management in der Weiterbildung (Weinheim und Basel: Beltz-Verlag, 1. Auflage 2010)*

Eine gute Kurzbeschreibung findet sich hier: *http://www.qualitaets-portal.de/ wp-content/uploads/QB-1-Qualitätswerkzeug-Leitbilderstellung-01.pdf* (im Übrigen auch sehr viele, sehr gute Vorlagen und weitere Methoden)

## RACI

RACI steht für R=Responsible, A=Accountable, C=Consulted, I=Informed.

Ob in Projekten oder im täglichen Tun: Immer wieder kommt es vor, dass Zuständigkeiten und Verantwortlichkeiten nicht klar zugeordnet sind. Welche Aufgaben sind zu erledigen? Wer macht was genau und wer entscheidet eigentlich? Durch das Erstellen einer RACI-Matrix können Sie diese Fragestellungen leichter beantworten und übersichtlich darstellen.

**Das kann die Methode:**
- Verantwortlichkeiten und Zuständigkeiten verbindlich regeln.
- Übersicht über Arbeitsschritte verschaffen.
- Komplexität reduzieren.

**Rahmen:** Klausurtagung, Team-Meeting

**Vorbereitungszeit:** unterschiedlich, je nach Komplexität des Projektes oder der Aufgabe

**Durchführungszeit:** ein bis drei Stunden

**Gruppengröße:** Einzelpersonen, Zweier-Teams, kleine Gruppen (bis ca. 6 Personen)

**Material:** Moderationsausstattung, Computer

**So gehen Sie vor:**

**Schritt 1:** In einem Matrix-Diagramm auf der einen Seite konkrete Aufgaben / Arbeitsschritte und darüber liegend an der Aufgabe direkt oder indirekt beteiligte Personen darstellen.

**Schritt 2:** In den jeweiligen Schnittmengen des Diagramms die entsprechenden Anfangsbuchstaben eintragen. Diese schlüsseln sich wie folgt auf:

## 6.4 Methodenbox

- R-Responsible: Welche Person ist dafür verantwortlich, dass eine bestimmte (konkrete) Aufgabe erledigt wird?
- A-Accountable: Wer nimmt die Ergebnisse der Aufgabe ab?
- C-Consulted: Welche Person wird mit einer bestimmten Fachexpertise als Berater hinzugezogen?
- I-Informed: Wer muss über die Ergebnisse der Aufgabe informiert werden?

**Schritt 3:** RACI-Matrix allen Personen, die an der Aufgabe beteiligt sind, zur Verfügung stellen.

**Achtung:**
Für jede Aufgabe sollte nur ein Verantwortlicher gekennzeichnet sein. Dieser muss nicht die ganze Arbeit erledigen, aber dafür sorgen, dass sie erledigt wird.

**Anschlussmethoden:** Handlungsplan

**Varianten:**
RASCI. Das S steht hier für Supportive und beschreibt eine unterstützende Person.
RACIO. Das O steht für Omitted und beschreibt eine Person, die aus guten Gründen nicht beteiligt sein sollte.

**Zusammenhang:** Projektmanagement, Prozessmanagement

**Quelle / Referenz:**
Die Methode RACI wird beispielsweise im PMBOK® Guide, der US-amerikanischen Norm für Projektmanagement als Methode empfohlen.
Einen kostenlosen RACI-Trainings-Kurs findet man hier: *http://racichart.org/raci-training-course/*.
Im Internet finden sich viele kostenlose Vorlagen beispielsweise als Excel-Tabelle oder Power-Point-Vorlage. In den meisten Fällen im Tausch gegen Ihre E-Mail-Adresse.

### Ideenpate

Viele gute Ideen und Vorschläge werden nicht umgesetzt, weil sie nicht bewusst zur Kenntnis genommen werden und sich für die Umsetzung niemand verantwortlich fühlt. Dadurch gehen in kreativen Teams wertvolle Impulse verloren, Mitarbeiter werden demotiviert, die Anzahl der Vorschläge und Ideen nimmt kontinuierlich ab. Die Methode hilft Ihnen, wertvolles, kreatives Potenzial bewusst zu nutzen, Entwicklung nicht dem Zufall zu überlassen und sicherzustellen, dass gute Ideen nicht verloren gehen.

**Das kann die Methode:**
- Ideen sichern und speichern.
- Aufmerksamkeit für die Wertigkeit von spontanen Ideen wecken.
- Sicherstellen, dass Ideen auch umgesetzt werden.

**Rahmen:** Konferenzen und Besprechungen

**Vorbereitungszeit:** keine

**Durchführungszeit:** ca. 15 Minuten am Ende jeder Konferenz

**Gruppengröße:** mittlere Gruppen (bis ca. 20 Personen), große Gruppen (ab ca. 20 Personen); bei größeren Gruppen mehrere Paten bestimmen und die Auswertung in mehreren Gruppen machen

**Material:** Moderationsausstattung, Beamer

**So gehen Sie vor:**

**Schritt 1:** Ideenpaten vor jeder Konferenz bestimmen. Seine Aufgabe besteht darin, während der gesamten Zeit, Ideen aufzuschreiben (nicht kommentieren, nicht bewerten, nicht weiterdenken). Es können inhaltliche Ideen sein, Ideen zur Verbesserung der Abläufe oder auch etwas ganz anderes.

**Schritt 2:** Am Ende der Konferenz Ideen und Vorschläge durch den Paten vorstellen lassen. Die Konferenz bewertet die Ideen nach festgelegten Kriterien wie zum Beispiel: Aufwand in der Umsetzung, Innovationspotenzial und Nutzen (Mögliche Methoden: Priorisieren, Portfolio-Analyse ... ). Dabei ist wichtig, dass die Idee nicht zu Ende diskutiert wird, sondern lediglich darüber entschieden, ob es sinnvoll und zielführend ist, sich mit der Idee weiter zu beschäftigen.

**Schritt 3:** Verbindlichkeit herstellen, indem eine Gruppe / Team mit der Ausarbeitung der Idee beauftragt wird. (Wichtig: Die Gruppe kann und darf auch zur Erkenntnis kommen, dass die Idee gut aber nicht umsetzbar oder nicht in der gewünschten Form umsetzbar ist.)

**Achtung:**
- Wenn es keine Ideen gibt, ist das völlig okay.
- Man kann Ideen auch verwerfen.
- Wenn die Idee doch komplexer wird, dann ist der erste nächste Schritt „Vertagen auf ..."
- Ideen sterben, wenn man zu früh darauf herumtrampelt.
- 15 Minuten nicht überschreiten.
- Gibt es keine Freiwilligen, delegiert der Chef.

**Anschlussmethoden:** Handlungsplan, Pre-Mortem, Wie-Wie-Diagramm

**Zusammenhang:** Innovation und Entwicklung, Fehlermanagement

**Quelle / Referenz:**
Dirk Heynen / Ursula Wienken
*www.qualitaet-managen.de*

# Wir brauchen einen Plan 7

> **Zusammenfassung**
>
> Wie kann man mit einem Basis-Sortiment an Werkzeugen im Kontext Risikomanagement strategische Planung einfacher machen? Was sind gute Ziele und wie arbeitet man damit im Redaktionsalltag? Was macht man, wenn wieder einmal alles anders kommt als geplant? Im Kapitel geht es um die ISO-Themen Risiken und Chancen, Qualitätsziele und Änderungsmanagement. Die Methodenbox liefert Hilfestellung zur Umsetzung.

> **Schlüsselwörter**
>
> Risiko, Chancen, Strategie, Ziele, Zielerreichung, strategische Planung, Änderungsmanagement, Risikomanagement, Pre-Mortem, SWOT-Analyse, SMARTe Ziele, Wie-Wie-Diagramm, Kraftfeldanalyse

## 7.1 Neulich im Großraumbüro

„Nein. Pinguine sind nicht cool. Echt. Das ist was für Omas." Unaufhörlich wischt Marvin auf seinem Tablet und guckt Laura, die er gerade abkanzelt, gar nicht mehr an. „Hey", erwidert Laura, „du hörst überhaupt nicht zu. Die sind schwul, die Pinguine. Schwul." Marvin atmet tief durch. „Pass mal auf, Laura. Wir sind der Freund des Users, ja? Freund. Wenn wir jetzt schwule Pinguine als Sensation verkaufen, dann sind wir altmodisch und spießig, also nicht cool, ja? Und unser

User will keine spießigen Freunde, ja?" Dieses ständige *Ja?* macht Laura wahnsinnig. Aber das muss sie ausblenden.

**Stattdessen gilt es, das neue Markenbild zu verstehen.** Man will seit neuestem nicht mehr von oben quasi belehrend, sondern absolut auf Augenhöhe wie ein Freund daherkommen. Gestern sagte ihr Nele noch, dass ihre Geschichte über die demonstrierenden Schrebergärtner super ankam. „Das ging sowas von steil." Schrebergärtner. Nicht altmodisch? Nicht spießig? Und wir sollen befreundet sein? Überhaupt:

**Welchen User hat Marvin denn jetzt gemeint?** In der Redaktionssitzung vergangene Woche mahnte der Chef noch: „Und vergesst unsere jungen katholischen Eltern auf dem Land nicht. Wie kommen deren Kinder nachmittags zum Kommunionsunterricht?" Laura steigt nicht mehr durch. Zum Kommunionsunterricht schon, zum Pinguingehege dagegen nicht, weil spießig?

**Wie bitteschön geht der Plan, Freund des Users zu werden?** Nele meint, man sollte sich die User wie zwei, drei Generationen unter einem Dach vorstellen und dann schauen, was in den Tagesablauf der einzelnen Familienmitglieder so passt. Laura unternimmt einen letzten Versuch: „Marvin, und wenn ich was über die armen Heringe mache, die da im Eimer sind und an Pinguine und Robben brutal verfüttert werden?"

## 7.2 Die Perspektive der ISO auf das Thema Planung

*„Indem Du bei der Vorbereitung versagst, bereitest Du Dich auf das Versagen vor"*, hat schon der gute Benjamin Franklin gesagt.

**Impulsives und schnelles Arbeiten** ist für Journalisten Alltagsgeschäft. Eine Idee liegt auf dem Tisch, eine Aufgabe wird formuliert und automatisch beginnt das Hirn sprudelnd mit der Umsetzung. Ideen ploppen auf und zerplatzen wieder wie Seifenblasen. Die Idee, die spontan zu Begeisterung führt, wird genommen und dann genauso schnell umgesetzt, wie sie aufgekommen ist. Oft zerplatzt im Anschluss aber auch die Begeisterung für die Idee und ihre Umsetzung: Weil die Umsetzung so gar nicht zu realisieren war. Weil die Idee gar nicht bis zu Ende gedacht war oder weil unerwartete und auch unüberwindbare Schwierigkeiten aufgetaucht sind.

## 7.2 Die Perspektive der ISO auf das Thema Planung

**Die ISO lenkt die Aufmerksamkeit entsprechend auf die Wertigkeit und Wichtigkeit einer guten Planung.** Deswegen heißt dieses Kapitel bei uns: Wir brauchen einen Plan.

- Erst überlegen, dann loslegen.
- Das Ziel bestimmt den Weg.
- Die Chancen nutzen, die Risiken im Blick behalten.
- Bei Veränderungen an die Auswirkungen denken.

**Überraschungen sind was Tolles** – zum Beispiel, wenn Oma mit 98 Jahren zu Weihnachten noch ein Gedicht aufsagt oder der Geliebte am Geburtstag aus der Torte hüpft. Bei der Arbeit sollten Überraschungen aber möglichst vermieden werden (abgesehen von der Weihnachtsfeier natürlich). Überraschungen bedeuten nämlich Unsicherheit. In der ISO-Sprache heißen Überraschungen aller Art: Risiko. Dabei ist es zunächst einmal völlig unerheblich, ob es eine gute oder eine schlechte Überraschung ist. Risiken sind alle unbeabsichtigten Folgen unserer Arbeit. Das kann eine kaum zu bewältigende Ansammlung von Fans sein, die sich nach einer besonders tollen Aktion vor dem Haupteingang zusammenrottet. Das können dramatische Abo-Kündigungen sein, nachdem das Layout geändert wurde. Oder ein Shitstorm nach einem Beitrag zu einem gesellschaftlich brisanten Thema. Diese Ereignisse können den Betrieb in der Redaktion gehörig durcheinander, wenn nicht sogar die nötigen Arbeitsabläufe zum Erliegen bringen. Spätestens dann sind sie eine böse Überraschung. Die Norm rät deswegen, vor dem Los-legen zu über-legen, und zwar:

**Welche Risiken und Chancen gibt es?** Die ISO nennt es risikobasiertes Denken und empfiehlt dringend, dass das allen Mitarbeitern (und insbesondere dem Chef) nicht nur in Fleisch und Blut, sondern auch ins sprudelnde Hirn übergehen sollte. Risikobasiertes Denken heißt nichts anderes, als einmal kurz innezuhalten, bevor man eine Aufgabe angeht, und zu überlegen: Was habe ich da eigentlich vor und warum? Wobei soll das wem helfen? Wie will ich das machen? Wenn ich das so mache, was könnte dann schiefgehen? Und wie kann ich das verhindern? Was könnte im besten aller Fälle auch noch passieren? Und wie kann ich das befördern? Eine Vorgehensweise, die am Anfang für impulsive Journalisten sicherlich ungewohnt ist; die Vorteile allerdings liegen auf der Hand (siehe z. B. Kapitel 11.4 Methode FMEA).

**Wer Chancen und Risiken identifiziert hat, kann von diesen nicht mehr überrollt werden.** Was aber auch nicht heißt, dass man für alle Eventualitäten einen Masterplan in der Tasche haben muss. Vielmehr geht es darum, sich Risiken und Chancen bewusst zu machen, sie zu bewerten und dann faktengestützt (nicht angstgetrieben) zu bewerten: Welches dieser Risiken tritt höchstwahrscheinlich auf und wie schlimm wäre das dann? Wenn es nicht schlimm ist oder sehr unwahrscheinlich: alles gut – GO. Welche der mit der Neuerung / der Aktion / der Idee verbundenen Chancen können nützen und welchen Aufwand bedeutet das für uns? Nur wenig Zusatzaufwand: alles klar – GO.

**Aus der Betrachtung und Bewertung von Risiken und Chancen ergeben sich Handlungsoptionen**, die dafür sorgen, dass man das Potenzial positiver Auswirkungen voll ausschöpft und auf negative Auswirkungen entsprechend reagieren kann. Um bei den Beispielen von oben zu bleiben, könnten die Mitarbeiter bei großen Fanansammlungen vor dem Haupteingang gleich die Seitentür nehmen, um ins Haus zu gelangen. Die begeisterte Masse könnte man nutzen, um frische „Testimonials" einzufangen oder Fan-Videos für Youtube zu drehen, eine Umfrage zu machen oder diesen Fansturm selber zum großen Thema zu machen. Änderungen im Layout könnten erst einer Test-Leserschaft vorgestellt werden, um die Reaktionen einschätzen zu können. Bei vorhersehbar brisanten Themen könnte die Zahl der Online-Mitarbeiter verstärkt und die Serverkapazitäten erhöht werden oder aber die Kommentarfunktion direkt abgeschaltet. Genauso könnte eine schriftliche Reaktion der Redaktion schon vorbereitet auf dem Tisch liegen, damit man im Fall der Fälle mit einer Stimme spricht, und zwar mit der des Unternehmens.

**Das wiederum setzt voraus, dass man sich der gemeinsamen Ziele bewusst ist.** In Kapitel 5 und 6 ging es schon darum, wie wichtig es ist, dass der Chef eine Gesamtstrategie und Ziele für das Unternehmen hat. Er sollte ja wissen, was er für das Unternehmen erreichen will, wohin er es lenken will und wie man strategisch klug dahin kommt. Wenn Sportler als Erste beim Rennen ankommen sollen, aber gar nicht wissen, wo das Ziel ist, wird das mit dem Gewinnen schwierig. Das gleiche gilt für Mitarbeiter. Wenn sie an der Erreichung der Ziele aktiv mitwirken sollen, können sie das nur, wenn sie die Ziele kennen. Und zwar auf allen Ebenen: Zu den großen strategischen Zielen haben sie eine klare Vorstellung, wie sie persönlich und aktiv dazu beitragen können, die Ziele zu erreichen. Sie haben aber auch gelernt, sogenannte operative Ziele (also kleine Ziele in ihrem unmittelbaren Arbeitsalltag) zu formulieren und aktiv voranzutreiben.

**Gute Ziele sind Ziele, die mit der Gesamtpolitik des Unternehmens konform gehen und die Kunden glücklich machen.** Sinnvoll ist es, sie unmissverständlich aufzuschreiben und so den „Stille-Post-Effekt" zu vermeiden, sie messbar zu machen, damit man auch merkt, wenn man angekommen ist, und regelmäßig zu prüfen, ob man angekommen ist oder immer noch läuft, obwohl man tatsächlich längst am Ziel angekommen ist. Wer sich im Team in dieser Art über Ziele Gedanken macht, räumt oft gleich mehrere Baustellen auf. Es wird schnell klar, was getan werden muss, wer dafür verantwortlich ist (und wer nicht) und welche Ressourcen überhaupt notwendig sind. Ziele sind nicht für die Ewigkeit in Stein gemeißelt. Sie leben und verändern sich (unter kontrollierten Bedingungen) genauso, wie sich das Unternehmen nach äußeren Umständen und inneren Bedürfnissen verändert (Mind the GAPZ!).

**Kontrollierte Bedingungen bedeutet im ISO-Verständnis Planung.** Auch den Umgang mit notwendigen Änderungen kann man planen. Niemand würde auf die Idee kommen, in einem Auto ein Bau- oder Elektronikteil einfach so zu ersetzen und erst dann zu gucken, was für Konsequenzen das hat. Auch im Redaktionsalltag gilt: erst einmal kurz innehalten und nachdenken. Was soll diese Änderung eigentlich genau bewirken? Wem wäre wie geholfen? Was wird besser? Welche Bereiche sind noch betroffen? Wollen wir gleich Nägel mit Köpfen machen und weitere ähnliche Veränderungen ressourcenschonend gleich mit umsetzen? Wenn wir hier Fäden ziehen, was bewegt sich dann wahrscheinlich noch? Wollen wir das? Was könnte schiefgehen? Neues Druckerpapier ist sinnlos, wenn es nicht in den alten Drucker passt. Eine neue Software muss kompatibel sein mit den alten Geräten. Eine neue Uhrzeit für die Redaktionskonferenz ist dann problematisch, wenn genau zu dieser Zeit traditionell die meisten Pressekonferenzen stattfinden. Auch Veränderungen, die das Produkt scheinbar nur ein bisschen modernisieren, können ungeahnte Reaktionen hervorrufen. Änderungen im Sound oder der Farbgebung etwa haben das Potenzial, den Hörer, Leser, Zuschauer oder User nachhaltig zu irritieren. Veränderungen in Arbeitsabläufen ziehen oft auch Veränderungen an den Schnittstellen – also in anderen Arbeitsabläufen – nach sich und müssen unbedingt bedacht werden. Genauso wie die Frage der Ressourcen. Bei Einführung neuer Technik zum Beispiel ist es mit der Anschaffung nicht getan. Die Mitarbeiter brauchen für die Anwendung Unterstützung, etwa in Form von Schulungen, und Zeit, um sich mit dem neuen Arbeitsmaterial vertraut zu machen, aber darum geht es erst im nächsten Kapitel. Für dieses Kapitel schließen wir mit dem Fazit:

▶ **Fazit:** Gute Planung hilft immer.

**Hand aufs Herz**

- Werden Sie häufiger von unangenehmen Auswirkungen Ihrer Entscheidungen überrascht?
- Ärgern Sie sich oft über verpasste Chancen?
- Welche Rolle spielen Ziele in Ihrem Arbeitsalltag?
- Sprechen Sie mit Ihren Mitarbeitern über Ziele oder verteilen Sie eher Aufgaben?
- Nehmen Sie sich Zeit, um erreichte Ziele zur Kenntnis zu nehmen?

## 7.3 ISO-Häppchen im Wortlaut[4]

„Bei Planungen [...] muss die Organisation externe und interne Themen und die Anforderungen interessierter Parteien berücksichtigen sowie die Risiken und Chancen bestimmen, um erwünschte Anforderungen zu verstärken; unerwünschte Auswirkungen zu verhindern oder zu verringern; Verbesserungen zu erreichen."

„Die Qualitätsziele müssen: im Einklang mit der Qualitätspolitik stehen; messbar sein; zutreffende Anforderungen berücksichtigen; [...]für die Erhöhung der Kundenzufriedenheit relevant sein;, überwacht werden; vermittelt werden; soweit erforderlich, aktualisiert werden."

„Bei der Planung zum Erreichen der Qualitätsziele muss die Organisation bestimmen: was getan wird; welche Ressourcen erforderlich sind; wer verantwortlich ist; wann es abgeschlossen wird; wie die Ergebnisse bewertet werden."

„Wenn die Organisation die Notwendigkeit von Änderungen [...] bestimmt, müssen die Änderungen auf geplante Weise durchgeführt werden. Die Organisation muss Folgendes berücksichtigen: den Zweck der Änderungen und deren mögliche Konsequenzen, [...] die Verfügbarkeit von Ressourcen; die Zuweisung oder Neuzuweisung von Verantwortlichkeiten und Befugnissen."

---

4  Qualitätsmanagementsysteme – Anforderungen (ISO 9001:2015), Deutsche und Englische Fassung EN ISO 9001:2015, November 2015, Kapitel 6

## 7.4 Methodenbox

### SWOT-Analyse

SWOT steht für S = Strength, W = Weaknesses, O=Opportunities, T= Threats. Nutzen Sie die SWOT-Analyse zur Systematisierung nach einer umfassenden Marktanalyse oder als Grundstein für die strategische Planung. Sie dient dazu, sich einen Überblick darüber zu verschaffen, wo Risikopotenzial, Chancen oder Veränderungsnotwendigkeiten liegen. Die Visualisierung erfolgt über eine weitere Variante der Vier-Felder-Matrix.

**Das kann die Methode:**
- Informationen verdichten.
- Zusammenhänge zwischen Stärken und Schwächen und Chancen und Risiken visualisieren.
- Systematisieren.
- Komplexität reduzieren.
- Transparenz und Kommunikation fördern.

**Rahmen:** Konferenzen, Tagungen, Besprechungen

**Vorbereitungszeit:** je nach Intensität und Tiefe keine Vorbereitungszeit bis mehrere Tage (Recherche)

**Durchführungszeit:** je nach Intensität und Tiefe 30 Minuten bis mehrere Stunden

**Gruppengröße:** mittlere Gruppen (bis ca. 20 Personen); bei mehr Personen sollte in Kleingruppen gearbeitet werden.

**Material:** Moderationsausstattung (ggf. Rechercheergebnisse gut aufbereitet)

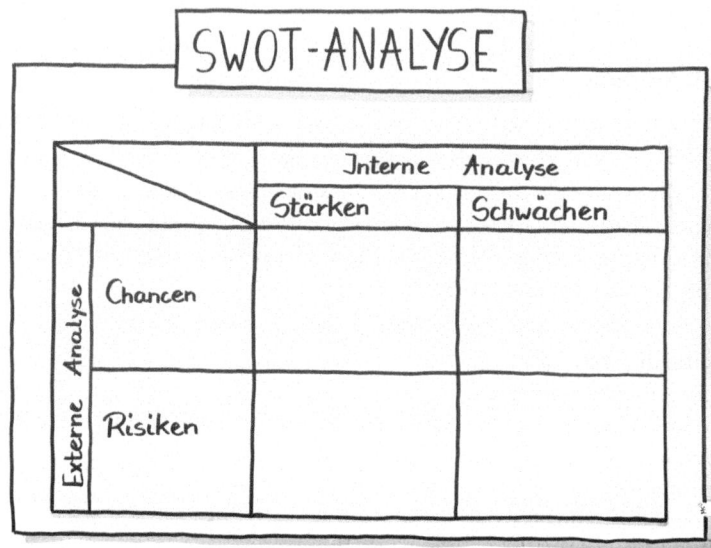

**Abb. 7.1** Skizze SWOT-Analyse
Darstellung Marion Kenklies

**Erläuterungen zu den Feldern:**
**Stärken** (Strength) sind:
Faktoren oder Merkmale eines Unternehmens, die im Wettbewerb ein Vorteil sind oder die das Unternehmen besser beherrscht als Mitbewerber (Innovative Produkte, Kundennähe, technologisches Know-how etc.).
**Schwächen** (Weaknesses) sind:
Faktoren und Merkmale, die für das Unternehmen im Wettbewerb ein Nachteil sind (Abhängigkeit von externen Zulieferern, schlechte Erreichbarkeit, geringe Finanzkraft etc.).
**Chancen** (Opportunities) sind:
Faktoren oder Entwicklungen im Umfeld oder im Markt, die für das Unternehmen vorteilhaft sein können oder aus denen das Unternehmen perspektivisch einen Nutzen ziehen kann (Veränderungen im Nutzerverhalten, Wechsel der Gesellschafter, Umzug …).

## 7.4 Methodenbox

**Risiken** (Threats) sind:
Faktoren oder Entwicklungen im Umfeld oder im Markt, aus denen Nachteile oder Gefahren entstehen könnten (Veränderungen im Nutzerverhalten, Umzug, neue Konkurrenten ...).

**So gehen Sie vor:**
**Schritt 1:** Marktforschung, Benchmarking, Konkurrenzanalyse auswerten.
**Schritt 2:** SWOT-Vorlage erstellen (digital oder analog mit Moderationswand oder Whiteboard).
**Schritt 3:** SWOT-Fragestellungen festlegen oder aus den Ergebnissen der Vor-Recherchen zusammenstellen.

**Beispiele:**
Stärken
- Was lief gut in der Vergangenheit?
- Was können wir besser als andere Anbieter?
- Worauf können wir stolz sein?
- Was ist unser Alleinstellungsmerkmal?

Schwächen
- Wo sind wir nicht so gut aufgestellt?
- Was fehlt uns?
- Wo sind Wettbewerber besser als wir oder haben mehr Ressourcen zur Verfügung?
- Welche Faktoren haben schon einmal zu einem Misserfolg geführt?

Chancen
- Welche neuen Möglichkeiten sehen wir?
- Welche Veränderungen sind für uns günstig?

Risiken
- Wo lauern Gefahren für unser aktuelles Geschäftsmodell?
- Was kann sich ungünstig für uns auswirken?
- Wo ziehen Wettbewerber an?

**Schritt 4:** Rechercheergebnisse oder Ergebnisse des Brainstormings zu den Fragen priorisieren und (nur die) wichtigsten Faktoren in die SWOT-Matrix übertragen.
**Schritt 5:** Zusammenhänge bewerten.
- Was können wir tun, um die Stärken abzusichern?
- Was können wir tun, um die Chancen-Bereiche auszubauen?
- Was können wir tun, um bei den Schwächen aufzuholen? Wo lohnt sich die Aktivität?

- Was können wir tun, um uns gegen Risiken abzusichern?

**Schritt 6:** Maßnahmen skizzieren.

**Achtung:**
- Die SWOT-Analyse sollte regelmäßig erstellt werden, da sie immer nur einen momentanen Stand abbildet.
- Ohne Recherche bleibt es bei einem gemeinsamen Brainstorming (individuelle Einschätzung) – aber auch so bringt es einen Nutzen, weil die jeweilige Einschätzung transparent gemacht wird.
- Risiken bergen in der Regel immer auch Chancen – eine Abgrenzung ist nicht immer möglich.
- Die SWOT-Analyse ist noch keine Strategieplanung, sondern lediglich eine Bestandsaufnahme, die zu ersten Ideenskizzen führt.

**Anschlussmethoden:** Handlungsplan, Entwicklungs-Canvas, COCD-Box

**Varianten:**
Man kann bei der Bearbeitung der vier Felder zusätzlich noch jeweils eine externe und interne Betrachtungsweise vornehmen. Die SWOT-Analyse lässt sich auf viele verschiedene Bereiche (einzelne Produkte, Sendungen, Artikel etc.) übertragen, sie kann aber auch im persönlichen Zusammenhang genutzt werden (Karriereplanung).

**Zusammenhang:** Risikomanagement, strategische Planung

**Quelle / Referenz:**
Die SWOT-Analyse wird seit den 1950er / 1960er Jahren im Businesskontext genutzt. Zu den ersten Nutzern gehörten die Stanford Universität und die Harvard-Business School. Allgemein wird Heinz Weihrich von der University of San Francisco als der Erfinder angesehen.
*Heinz Weihrich, The TOWS Matrix – A Tool for Situational Analysis (1982)*

## Pre-Mortem

Der Patient ist tot, das Projekt gescheitert, das Ziel nicht erreicht. Es folgt die Fehlersuche und Ursachenanalyse, um für die Zukunft zu lernen. Gary Klein dreht die Idee um und regt dazu an, schon Pre-Mortem über entscheidende Probleme nachzudenken. So können Sie im Vorfeld die Chancen für erfolgreiche Projekte, Konzepte und Ideen erhöhen.

## 7.4 Methodenbox

**Das kann die Methode:**
- Umstände, die zum Scheitern führen könnten, identifizieren und so Risiken und Fehler vermeiden.
- Gefühlte kollektive Sicherheit hinterfragen und den Lemming-Effekt reduzieren.
- Entscheidungen absichern.

**Rahmen:** Konferenzen, Tagungen, Teamgespräche

**Vorbereitungszeit:** keine

**Durchführungszeit:** ca. eine Stunde

**Gruppengröße:** mittlere Gruppen (bis ca. 20 Personen); bei mehr Personen arbeitsteilig vorgehen

**Material:** Moderationsausstattung

**So gehen Sie vor:**

**Schritt 1:** Ziel, Idee, Plan, Projekt vorstellen.

**Schritt 2:** Teamleiter / Moderator einen Bericht aus der Zukunft liefern lassen. Das Projekt war ein absoluter Flop, es ist alles schiefgegangen, was schiefgehen konnte. Das Unternehmen ist ruiniert, das Projektteam abgemahnt und aufgelöst.

**Schritt 3:** Alle in Einzelarbeit überlegen lassen, welche Gründe es für das Scheitern gegeben hat (Brainstorming mit konkreter Vorgabe, „vorausschauender Rückblick").

**Schritt 4:** Gründe vorstellen und visualisieren (Flipchart, Whiteboard, Fenster, Wand etc.).

**Schritt 5:** Die drei gravierendsten Fehler / Risiken durch das Team auswählen lassen. Zu diesen Fehlern / Risiken Strategien besprechen, wie sie vermieden / minimiert werden können. Den Projektplan / die Idee / das Ziel entsprechend anpassen.

**Achtung:**
- Die Methode kann sich negativ auf die Stimmung auswirken.
- Es geht nicht darum, Ideen zu töten, sondern deren Tod zu verhindern.
- Das Team arbeitet gemeinsam daran, blinde Flecken zu entdecken, nicht daran, eine Idee zu zerreden. Die Idee selbst wird nicht in Frage gestellt.

**Anschlussmethoden:**
Die Liste wird regelmäßig angeschaut und es wird geprüft, ob eine neue / weitere Priorisierung notwendig ist.

**Varianten:**
Die Methode kann auch bei der Hörer-, Zuschauer-, Leser-, Userorientierung genutzt werden. In diesem Fall wird aus der Zukunft dazu berichtet, dass eine Sendung gefloppt ist, ein Artikel vollständig verrissen oder ähnliche Katastrophen eingetreten sind.

**Zusammenhang:** Ideen finden, Ideen bewerten, Risiken identifizieren, Änderungen planen

**Quelle / Referenz:**
Gary Klein, *The Power of Intuition* (New York: Bantam Dell, 2003)

## SMARTe Ziele

SMART steht für S = spezifisch, M = messbar, A = attraktiv, R = realistisch, T = terminiert.

Zielbeschreibungen nach der SMART-Methode werden vor allem im Projektmanagement und in der Personalentwicklung und Mitarbeiterführung eingesetzt. Ziele „smart" zu formulieren, hilft Ihnen, eine höhere Wahrscheinlichkeit der Zielerreichung zu erlangen. Dabei müssen die formulierten Ziele (mindestens) fünf Bedingungen erfüllen.

**Das kann die Methode:**
- Ziele klar, messbar, überprüfbar machen.
- Attraktive Ziele von unattraktiven unterscheiden.
- Strategische Ziele (langfristig) von taktischen (kurzfristig) unterscheiden.
- Unvernünftige bzw. unrealistische Ziele identifizieren.

**Rahmen:** Strategie-Meeting, Workshops

**Vorbereitungszeit:** keine

**Durchführungszeit:** 30 bis 60 Minuten, je nach Anzahl der zu definierenden Ziele

**Gruppengröße:** kleine Gruppen (bis ca. 6 Personen)

**Material:** Moderationsausstattung

**So gehen Sie vor:**
Ziele müssen:
Spezifisch sein (also eindeutig definiert).
Messbar sein (Kriterien zur Bewertung müssen festgelegt werden).
Attraktiv sein (und für die Person(en) auch erstrebenswert).
Realistisch sein (und damit auch realisierbar).
Terminiert sein (ein fixes Datum ist wichtig).

**Achtung:**
Aus Zielen ergeben sich Aufgaben, die schriftlich festzuhalten sind. Alle Beteiligten sollten stets denselben Kenntnisstand haben. Gemeinsam erarbeitet man einen Projektplan zur Umsetzung der Ziele. Der Fortschritt der Umsetzung wird regelmäßig überprüft. Hier kann man sich auf die Definition von Meilensteinen verständigen.

**Anschlussmethoden:** Projektplan

**Varianten:**
Eine andere Formulierung für SMART:
Ziele müssen *AROMA* haben.
Aussagefähig sein.
Realistisch sein.
Objektiv sein.
Messbar sein.
Annehmbar sein.

**Zusammenhang:** Projektmanagement, Personalentwicklung, Mitarbeiterführung

**Quelle / Referenz:**
George T. Doran, *There's a S.M.A.R.T. way to write management's goals and objectives. (Management Review, 70. Jg., Nr. 11, 1981)*

## Wie-Wie-Diagramm

Die Methode hilft Ihnen dabei, Handlungspläne zu konkretisieren und Lösungen zu vergleichen.

**Das kann die Methode:**
- Notwendige Schritte für die Umsetzung von Maßnahmen identifizieren.
- Maßnahmen vergleichen und abschätzen.

**Rahmen:** Konferenzen, Tagungen, Besprechungen

**Vorbereitungszeit:** keine

**Durchführungszeit:** ca. 15 Minuten bis mehrere Stunden (je nach Anzahl der Beteiligten und Komplexität des Problems / der Aufgabe)

**Gruppengröße:** mittlere Gruppen (bis ca. 20 Personen); bei mehr Personen in Arbeitsgruppen arbeiten

**Material:** Moderationsausstattung

**So gehen Sie vor:**

**Schritt 1:** Die ausgewählte, priorisierte Lösung auf die linke Seite des Papiers platzieren.
Beispiel: Bekanntheit des Morgenmoderators steigern.

**Schritt 2:** Konsequent nach dem WIE der Umsetzung fragen. Wie können wir die Bekanntheit des Morgenmoderators steigern?
Die Lösungsvarianten nach rechts verzweigt auflisten (Baumdiagramm, sieht aus wie ein Stammbaum).
Beispiel:
- Off-Air-Aktionen mit Moderator organisieren
- Plakatkampagne
- Gewinnspiel rund um den Moderator
- Etc.

**Schritt 3:** Die Antworten in der ersten Reihe weiterdrehen. Wie können wir Off-Air-Aktionen mit dem Moderator organisieren? So werden die Ideen nach und nach konkretisiert.

**Schritt 4:** Die Fragerunde so lange weiterführen, bis ausreichend aktualisierte Aktionspläne vorliegen.

**Achtung:**
- Darauf achten, dass die Wie-Frage konkret beantwortet wird.
- Das Problem oder der Lösungsansatz muss knapp und verständlich formuliert sein.

## 7.4 Methodenbox

**Anschlussmethoden:** Handlungsplan, COCD-Box, Pre-Mortem

**Varianten:**
Statt alle Möglichkeiten zu bearbeiten, kann man in jeder Stufe auch jeweils priorisieren und nur eine Variante weiterentwickeln. Die einzelnen Ansätze können auch parallel von unterschiedlichen Gruppen bearbeitet werden.

**Zusammenhang:** Lösungen ausarbeiten, Pläne erstellen und konkretisieren

**Quelle / Referenz:**
G.J. Puccio, M.C. Murdock, M. Mance, Creative Leadership – skills that drive change (Thousand Oaks: SAGE Publications, 2011)

### Kraftfeld-Analyse

Bei Veränderungen in Unternehmen gibt es fast immer treibende und hemmende Einflussfaktoren. Mithilfe der Kraftfeld-Analyse können Sie diese identifizieren und visualisieren. Im Anschluss lassen sich Maßnahmen erarbeiten, die die negativen Einflüsse auf die Zielerreichung minimieren.

**Das kann die Methode:**
- Stärken und Schwächen identifizieren.
- Problemfelder erkennen.

**Rahmen:** Klausurtagung, Workshop

**Vorbereitungszeit:** keine

**Durchführungszeit:** ca. 30 bis 60 Minuten

**Gruppengröße:** kleine Gruppen (bis ca. 6 Personen), mittlere Gruppen (bis ca. 20 Personen), große Gruppen (ab ca. 20 Personen)

**Material:** Moderationsausstattung
**So gehen Sie vor:**
**Schritt 1:** Ziel (der Veränderung) beschreiben.
**Schritt 2:** Szenario für den idealen Ausgang der Veränderung formulieren.
**Schritt 3:** Szenario für den schlimmsten Ausgang der Veränderung formulieren.

**Schritt 4:** In der Mitte einer Metaplanwand Zielformulierung pinnen, links und rechts davon die beiden Szenarien.

**Schritt 5:** Alle relevanten Faktoren aufschreiben, die im Zusammenhang mit der Zielerreichung / dem Ziel stehen, und in der Mitte der Metaplanwand auflisten.

**Schritt 6:** Für jeden Faktor der Veränderung jeweils eine positive und eine negative Beschreibung finden und entsprechend an der Metaplanwand zuordnen.

**Schritt 7:** Strategie definieren, die entweder die positiven Aspekte verstärkt oder die negativen minimiert.

**Anschlussmethoden:** Projektplan, Handlungsplan

**Varianten:**
Alternativ kann in einer Gruppenübung auch die Kraftfeld-Analyse angewendet werden, wenn z. B. eine größere Veränderung ansteht.

**Schritt 1:** Die anstehende Veränderung wird konkret formuliert.

**Schritt 2:** Im Anschluss schreiben die Teilnehmer der Gruppe aus ihrer persönlichen Perspektive zunächst alle Argumente auf, die für die Veränderung sprechen („Was zieht mich an?").

**Schritt 3:** Diese werden auf einem großen Tisch, oder auf dem Fußboden platziert. Ggf. werden Cluster gebildet.

**Schritt 4:** Im nächsten Schritt schreiben die Teilnehmer der Gruppe auf, was sie persönlich hemmt, die Veränderung positiv zu bewerten („Was stößt mich ab?").

**Schritt 5:** Diese Karten werden auf der anderen Seite des Tischs (des Fußbodens) platziert.

**Schritt 6:** Nun werden alle Teilnehmer gebeten, sich auf eine der beiden Seiten zu stellen (pro Veränderung oder contra Veränderung).

**Schritt 7:** Im letzten Schritt werden alle Gegen-Argumente von den Teilnehmern gewichtet und Maßnahmen entwickelt (Was müssen wir tun, damit „xy" nicht mehr vorhanden ist?).

**Zusammenhang:** Prozess-Management, Change-Management, Selbstbewertung

**Quelle / Referenz:**
Kurt Lewin, *Defining the „Field at a Given Time."* (Psychological Review, 1943)

# Von nichts kommt nichts 8

**Zusammenfassung**

Warum sind gute Rahmenbedingungen und gute Ausstattung nicht nur eine Selbstverständlichkeit? Wie gestaltet man einen Rahmen, in dem Mitarbeiter motiviert und kreativ arbeiten können? Warum geht Wissen verloren, wenn man es nicht sinnvoll dokumentiert? Im Kapitel geht es um die Themen Ressourcen, Kompetenzen, Kommunikation, Dokumentation. Die Methodenbox liefert Handwerkszeug für die Umsetzung.

**Schlüsselwörter**

Ausstattung, Arbeitsbedingungen, Weiterbildung, Personalentwicklung, Ressourcen, Wissensmanagement, Methode Treasure Hunt, Methode Kompetenz-Matrix, Methode Mitarbeiter fragen, Methode Selbst- und Fremdbewertung

## 8.1 Neulich am Arbeitsplatz von Merle

Blöde Baustelle. Merles Bus hatte Verspätung. Jetzt kommt sie schon leicht schwitzend in die Redaktion, den schicken Korb aus hellbrauner Flechtweide in der Armbeuge. Darin Kuchenreste vom Kindergeburtstag gestern. Merle hat es gewusst: Sich um 10 nach 9 noch schnell ins Redaktionssystem einloggen geht nicht.

„Wenn sich mehr als drei Leute gleichzeitig anmelden, kann das System das nicht verarbeiten", sagen die Techniker. Das sagen sie seit Monaten oder schon länger. 20 Minuten später ist Merle endlich drin. Und sie spielt *Schlimme Finger*. So nennen sie hier das Spiel, wenn Word so langsam ist, dass die Wörter erst zehn Sekunden nach dem Eintippen auf dem Bildschirm erscheinen. „Nein, das habe ich geschrieben? Lustig." Die Stimmung in der Redaktion ist heute mal sehr ausgelassen. Leider.

**Merle will eigentlich ihr Manuskript im Schnittplatz einsprechen**, aber sie muss die Kollegen im Großraumbüro mehrmals bitten, leiser zu brüllen. Leichtbauweisen isolieren halt nicht ganz so gut. Der neue Baywatch-Film kommt heute raus, und alle reden über „Damals". Die Redaktion kommt auf die Idee, ein lustiges Video für Facebook zu produzieren, in dem alle Mitarbeiter sich nur im Zeitlupen-Tempo bewegen und auch so sprechen. Das Vorhaben muss leider scheitern.

**Denn Timo, der einzige Redakteur, der weiß, wie Video geht, hat Urlaub.** „Wie altmodisch. Aber doch schön", denkt sich Merle, als ihr Blick die Postkarte an der Pinnwand erhascht. Jonas hat geschrieben, wie gut es ihm geht. In Spanien. „In Spanien opfern Nonnen ohne Reue manches", schreibt der durchgeknallte Kerl wie so oft kryptisch und simuliert dabei Geheimbotschaften. Jonas hat in Andalusien mit seiner Freundin eine Öko-Bäckerei eröffnet. Und sein gesamtes Nachrichten-Know-how, das ganze Gegenteil von kryptisch, das hat er mitgenommen in die Sonne. All sein Wissen ist weg. „Na, hoffentlich ist der Bus gleich pünktlich", denkt Merle.

## 8.2  Die Perspektive der ISO auf Personen, Kompetenzen, Wissen, Kommunikation

Es gibt Dinge, die einfach da sein müssen, um überhaupt arbeiten zu können. Und dann gibt es Dinge, die da sein müssen, um vernünftig arbeiten zu können.
Die ISO beschreibt im Prinzip drei verschiedene Bereiche, in denen es fluppen muss. Da ist zum einen das Materielle mit Arbeitswerkzeugen wie Computern, Software, Aufnahmegeräten, Kameras, der Studiotechnik, funktionierendes W-Lan und so weiter. Zum anderen geht es um funktionierende Strukturen als Voraussetzung für gute Arbeit wie Kommunikations- und Transportwege, durchdachten Wissenstransfer und eine sinnvolle und angemessene Dokumentation. Großen Wert legt die Norm aber auch auf den Aspekt guter Arbeitsbedingungen. Dazu gehören Themen wie Kommunikation, transparente Information sowie Fort- und Weiterbildung bzw. Kompetenzentwicklung.

## 8.2 Die Perspektive der ISO auf Personen, Kompetenzen, Wissen, ...

**Die ISO lenkt die Aufmerksamkeit also hier auf die stützenden Säulen der täglichen Arbeit**, deswegen heißt dieses Kapitel bei uns: Von nichts kommt nichts!

- Gute Ausstattung und gutes Material sparen Zeit, Geld und Nerven.
- Gute Arbeitsbedingungen sind Grundlage für gute Arbeit.
- Kompetenzen und Fähigkeiten eines Mitarbeiters sollten zur Stelle passen. Nicht umgekehrt.
- Wissen ist Kapital, das gesichert und ständig vergrößert werden muss.
- Ohne ausreichend Zeit, Geld und gut ausgebildete Personen ist Qualität nicht möglich.
- Die Kommunikation untereinander braucht genauso viel Aufmerksamkeit wie die nach außen.
- Wichtige Dinge zu dokumentieren, tut gar nicht weh.

*„Ich mache ja nur deshalb seit 33 Jahren Fußball, weil ich nichts anderes kann. Wenn ich zum Beispiel einen Schopenhauer lese – ich verstehe ihn nicht."* (Franz Beckenbauer)

**Zu wissen, was man kann und was nicht, ist schon mal ein guter Anfang.** Für jeden persönlich und für die gesamte Redaktion. Qualität im Journalismus funktioniert in der Regel nur mit fähigen und motivierten Personen. Damit Journalisten ihr volles Potenzial ausschöpfen wollen und können, brauchen sie im Verständnis der Norm gute Rahmenbedingungen. Der Mensch ist aber eben auch keine Maschine, die pausenlos Tag und Nacht durchackern kann. Wichtig ist also laut ISO eine gute Verteilung der Arbeit. Deswegen steht hier die Frage nach den Anforderungen am Anfang aller Überlegungen. Was ist unsere Aufgabe / unser Auftrag? Wie wollen wir das umsetzen? Wie viele Menschen mit welchen Kompetenzen und Fähigkeiten brauchen wir dazu? Was haben wir tatsächlich? Jede Wette, dass am Ende der Bestandaufnahme dabei herauskommt, dass es in der Redaktion auf jeden Fall zu viel Arbeit für die zu wenigen Mitarbeiter gibt. Und dass leider auch keine Aussicht darauf besteht, dass zusätzliche Mitarbeiter eingestellt werden.

**Außer Überzeugungsarbeit auf der Etage mit dem Geld bleiben drei Möglichkeiten**: Aufgaben können ausgelagert bzw. von Externen erledigt, anders organisiert und strukturiert oder aber gestrichen werden. Agenturen und freie Journalisten freuen sich über Aufträge, studentische Hilfskräfte oder 450-Euro-Jobber über einfache Fleißaufgaben. Und wenn wir mal ganz ehrlich sind: Manche Aufgaben werden einfach aus alter Gewohnheit noch jahrelang mitgeschleppt, obwohl sie – zum Beispiel dank technischer Neuerungen – gar nicht mehr notwendig sind. Die bessere Organisation ruft das Thema Prozesse auf den Plan (siehe Kapitel 5).

Bewusst ausgelagerte Aufgaben entlasten ungemein (siehe Kapitel 9). Selbst wenn einige Aufgaben gestrichen, ausgelagert oder umorganisiert werden, bleibt noch mehr als genug Arbeit übrig. Umso wichtiger, dass für die Mitarbeiter das Umfeld passt. Denn nur

**Wer sich gut fühlt, kann auch gut arbeiten.** Und damit sind wir bei den Ressourcen Infrastruktur und Arbeitsumgebung. Dazu gehören laut ISO Gebäude, Tische, Stühle, Computer, Hardware und Software, Informations- und Kommunikationstechnik. All das muss so organisiert sein, dass sich Menschen möglichst ungestört von nicht funktionierender Technik, ergonomisch katastrophalen Arbeitsplätzen oder einer hektischen Arbeitsumgebung auf ihre Aufgaben und Projekte konzentrieren können. Das ist nicht der Ruf nach Abschaffung von Großraumbüros und Newsdesks, sondern die Aufforderung genau zu überlegen, wann auch eine reizarme Umgebung wichtig ist und wie man das realisieren kann. Arbeit und Arbeitsumfeld sollen schlicht so gestaltet sein, dass sie nicht krank machen. In fast allen Unternehmen gehören sogenannte Gefährdungsbeurteilungen und betriebliches Gesundheitsmanagement zum Pflichtprogramm – in den Medien kommt das Thema erst langsam an.

**Die Norm spricht in diesem Zusammenhang soziale, psychologische und physikalische Faktoren an.** Wie sieht es mit Temperatur, Licht und Lärm am Arbeitsplatz aus? Können die Mitarbeiter ihrem Job nachgehen, ohne Angst zu haben vor Diskriminierung, Entlassung oder schwelenden Konflikten? Werden sie vor zu viel Stress, vor emotionalen Belastungen oder Burnout geschützt? Am Ende verursachen krankmachende Arbeitsbedingungen enorme Kosten für alle Beteiligten. Fallen Mitarbeiter wegen gesundheitlicher Probleme aus, vielleicht sogar die mit den Spezialkenntnissen oder die mit der höchsten Wiedererkennung, wird es erst richtig teuer. Man traut es der ISO nicht zu, aber: Es geht um gute Arbeit.

**Das kostbarste Kapital ist unsichtbar.** Es steckt nämlich in den Köpfen der Mitarbeiter und heißt Wissen – und damit ist in der ISO nicht nur Fachwissen gemeint. Es ist auch Erfahrungswissen und Prozesswissen gemeint. Menschen sammeln täglich unbewusst Wissen an. Extern an der Uni, bei Konferenzen, früheren Arbeitgebern, bei Praktika oder im Kontakt mit Agenturen oder Kunden. Intern über Erfahrungen, die sie im Laufe ihrer Beschäftigung im Unternehmen, in der Redaktion gemacht haben. Menschen sammeln auch Kontext- oder Prozesswissen, in dem sie Erfolge und Niederlagen durchleben und sich mit anderen Kollegen austauschen. Sie kennen nach vielen Jahren die wichtigsten Ansprechpartner, sie erinnern sich an gute Strategien, Ideen und funktionierende Lösungen. Sie kennen die Tricks und

Kniffe, wie Krisen bewältigt wurden. Diesen Schatz an Wissen nehmen sie mit, wenn sie die Redaktionen verlassen. Es steht nicht zur Verfügung, wenn Mitarbeiter im Urlaub sind oder wegen Krankheit ausfallen. Für die Redaktionen heißt das: auf zur Schatzsuche! Wissen identifizieren, wertschätzen, zugänglich machen und sichern. Passiert das nicht, ist all dieser Reichtum an Erfahrung und Wissen beispielsweise beim Ausscheiden der älteren Mitarbeiter für immer verloren und das Sammeln geht von vorne los …

**Wissen allein nützt wenig,** wenn es nicht angewendet werden kann, weil die dafür notwendigen Kompetenzen fehlen. In der sich rasant verändernden Medienlandschaft steht die Frage nach zusätzlichen Kompetenzen eigentlich immer auf der Tagesordnung. Idealerweise wird die Frage losgelöst von einzelnen Personen auf Ebene der Gesamtredaktion gestellt: Stehen in unserer Redaktion auch heute noch alle Kompetenzen zur Verfügung, die wir brauchen, um den Hörer, Leser oder User zu erreichen und zu begeistern? Wenn schon nicht täglich, lohnt es sich, diese Frage immer dann zu stellen, wenn etwas Neues angefangen wird, eine Stelle neu besetzt werden soll, sich die Rahmenbedingungen geändert haben oder eine neue strategische Zielsetzung festgelegt wird. Für solche Überlegungen ist die Chefetage verantwortlich.

**Die Stichworte dazu heißen Personalgewinnung, Personaleinsatz und Personalentwicklung.** Im Zusammenhang mit der Personalgewinnung heißt das im ISO-Verständnis, dass es nicht nur darum geht, dass neue Mitarbeiter die üblichen Anforderungen erfüllen (Studium, Erfahrung …), sondern Stellen kompetenzorientiert zu besetzen: Welche Kompetenzen brauchen wir neu? Wo sind wir nicht gut aufgestellt? Und das kann am Ende auch die Erkenntnis sein, dass es aktuell niemanden mehr gibt, der durch seine sehr soziale Ader Konflikte mediiert, bevor es zum großen Knall kommt. Mit der Einstellung von Mitarbeitern ist aber noch lange nicht Schluss. Personaleinsatz bedeutet im ISO-Verständnis Mitarbeiter so einzusetzen, dass sie ihre Kompetenzen und ihr Wissen bestmöglich anwenden können – zum Wohle der Redaktion, der Zielgruppen und zum eigenen. Das heißt, der Chef prüft regelmäßig, ob die Mitarbeiter mit ihrem jeweils individuellen Gesamtbündel aus Kompetenz und Wissen am richtigen Platz sind. Wie findet man das heraus? Man redet … (siehe Kapitel 6). Für eine gute, sinnvolle Personalentwicklung braucht es keine eigene Abteilung und nicht einmal viel Geld. Die ISO empfiehlt: Bestandsaufnahme! Was brauchen wir gerade? Wo sind Lücken? Fehlen Schlüsselkompetenzen oder relevantes Fachwissen, sorgt der Chef dafür, dass diese Lücke geschlossen wird. Die teure Schulung ist nicht zwingend die beste Lösung. Viel ist auch Inhouse durch

Mentoring, Briefing, Schulungen, Fachliteratur, Online-Kurse etc. lösbar. Und in diesem Zusammenhang kann auch Neubesetzung ein Weg sein.

**Die meisten Menschen wünschen sich, dass sie an ihrem Arbeitsplatz etwas Sinnvolles tun.** Für Journalisten, die in der Regel sehr viel Zeit ihres Lebens mit Arbeit verbringen, gilt das nach unserer Erfahrung in besonderer Weise. Auch dieses Thema ist in der ISO verankert – es heißt dort Bewusstsein. Führungskräfte sind aufgefordert, dafür zu sorgen, dass Mitarbeiter wissen, in welchem Kontext und mit welcher Zielsetzung sie unterwegs sind. Im Einzelnen heißt das: Mitarbeiter kennen Haltung und Ziele des Unternehmens, für das sie arbeiten (Qualitätspolitik und Qualitätsziele – siehe Kapitel 5). Jeder Mitarbeiter versteht, was die Ziele des Unternehmens sind, wie es dahin kommen will und wie er persönlich dazu beitragen kann. Jeder Einzelne ist sich im ISO-Verständnis seiner eigenen Rolle im Unternehmen bewusst und darüber, was passiert, wenn er seine Leistung nicht bringen kann. Dafür notwendig ist …

**Gute Kommunikation als DAS Erfolgskriterium.** Auch wenn Journalisten davon leben zu kommunizieren, heißt das nicht automatisch, dass sie Experten für interne Kommunikation sind. Wenn der Chef einen Mitarbeiter aufgrund seiner außergewöhnlichen Kompetenzen an eine bestimmte Stelle in der Redaktion gesetzt hat, es ihm aber nicht sagt, kann der Mitarbeiter sich zweierlei denken: Ich habe diese neue Aufgabe, weil ich besonders gut bin. Oder: Ich habe diese neue Aufgabe, weil ich die andere nicht gut genug erfüllt habe. Das gleiche Ratespiel läuft in der Redaktion ab, vielleicht noch ergänzt durch die Frage: Bin ich der nächste? Gleiches gilt für die neue Strategie, die vielleicht im Chefbüro entwickelt worden ist. Soll die Redaktion ein bestimmtes Ziel erreichen und die Mitarbeiter sind darüber nicht informiert, so ist das Erreichen dieses Ziels im besten Fall Zufall und damit der Erfolg nicht wiederholbar oder aber noch eher zum Scheitern verurteilt. Hat man sich auf bestimmte Arbeitsabläufe geeinigt, sie aber nirgendwo aufgeschrieben, kann man sicher gehen, dass es jeder Mitarbeiter doch wieder ein bisschen anders machen wird und die neue Regelung irgendwann vergessen ist. Häufig taucht das Thema dann wieder in der Konferenz auf mit der Frage: Haben wir das nicht schon mal besprochen? Die ISO weist in diesem Zusammenhang darauf hin, dass es sich lohnt, auch die interne Kommunikation bewusst zu organisieren. Schwerpunktthema ist hier unter anderem das Besprechungswesen. Es lohnt sich in der Regel, zumindest eine kurze Konferenzordnung mit Themen, Rahmenbedingungen, Zielsetzungen, Regelungen zur Zusammensetzung und Anwesenheiten sowie zur Art und Weise der Dokumentation der Ergebnisse verbindlich festzulegen.

## 8.2 Die Perspektive der ISO auf Personen, Kompetenzen, Wissen, ...

**Und damit sind wir bei der Dokumentation** und dem meistverhassten ISO-Thema überhaupt (neben Beschwerdemanagement). Keine Angst: Nicht alles in einer Redaktion muss geregelt und dokumentiert sein. Auch wenn Kaffee für die meisten lebensnotwendig ist, eine Arbeitsanweisung wird es dafür in den wenigsten Redaktionen brauchen. Aber die Dinge, die entscheidend sind für die Qualität des Produktes, die sollten unmissverständlich niedergeschrieben sein. Jede Redaktion kann dabei für sich selber festlegen, was das ist. Größere Unternehmen mit komplexeren Aufgaben dokumentieren in der Regel mehr als kleinere mit einfachen Aufgaben. Beispiele für sinnvolle Dokumentationen sind Arbeitsplatzbeschreibungen, Ablaufpläne, Beitrags- und Nachrichtenarchive, Checklisten oder Prozessbeschreibungen. Dass sie so hinterlegt werden, dass man weiß, wo was ist, und man bei Bedarf schnell darauf zurückgreifen kann, klingt selbstverständlich, ist es aber nicht. Ziel einer solchen Dokumentation ist es, dass verbindliche Vereinbarungen und Regelungen vorhanden sind und entsprechend keinen Interpretationsspielraum lassen. Man kann sich im Zweifel darauf berufen. Diskussionen verlaufen konstruktiver, wenn man sich auf etwas Schriftliches bezieht. Dokumentierte Vereinbarungen haben mehr Gewicht als mündlich besprochene. Und man hat eine Grundlage, um am Ende festzustellen, ob eigentlich das rausgekommen ist, was man geplant hat. Denn:

**Gute Qualität ist messbar.** Und messbar meint im ISO-Kontext messbar. Es geht um Zahlen, Daten und Informationen, die im Zweifel das gute Gefühl stützen oder in Frage stellen. Konkret heißt das, der Satz in der Redaktionskonferenz: „Ich glaube, damit haben wir heute richtig den Nerv der Stadt getroffen" wird in einer idealen ISO-Welt nicht nur begleitet von zustimmendem Kopfnicken, sondern auch vom Blick auf die quantitative und qualitative Analyse der Kundenzufriedenheit. Auch dafür müssen Ressourcen bereitgestellt werden. Die ISO spricht hier von Ressourcen zur Überwachung und Messung und meint sowohl Geld als auch Zeit aber auch Instrumente und Kompetenzen. Im Klartext: Jedes Unternehmen muss für sich überlegen, welche Zahlen, Daten, Informationen sinnvoll erhoben werden sollen, wie das geht, wer das macht und was man dazu sonst noch braucht. Und dabei geht es nicht nur um Klicks oder Quoten, die ganz am Ende bestätigen, ob die Redaktion alles richtig gemacht hat, sondern auch um eigene Prüfverfahren, die schon im Vorfeld oder bei der Arbeit erkennen lassen, ob alles in die richtige Richtung läuft. Was wichtig ist in Sachen Messung und Überwachung, darum geht's in diesem Buch in Kapitel 10.

▶ **Fazit:** Die Qualität des Produktes ist direkt abhängig von der Qualität der Ressourcen.

**Hand aufs Herz**

- Denken Sie an die drei Leistungsträger in Ihrer Abteilung. Was passiert, wenn die ab nächster Woche nicht mehr da sind?
- Wie oft fühlen Sie sich als Krisen- und Konfliktmanager für die eigenen Mitarbeiter?
- Können Sie faktisch nachvollziehen, warum Sie mit bestimmten Maßnahmen erfolgreich waren oder sind Sie in der Regel auf nicht belegbare Vermutungen angewiesen?
- Wie oft scheitern spannende Projekte und Themen daran, dass Sie niemanden haben, der „das kann"?
- Wann haben Sie das letzte Mal den Satz gehört: „Steht das irgendwo?"
- Wie ernst nehmen Sie die Rückmeldungen Ihrer Mitarbeiter zu fehlerhafter Technik oder Ausstattung?

## 8.3 ISO-Häppchen im Wortlaut[5]

„Die Organisation muss Folgendes berücksichtigen: die Fähigkeiten und Beschränkungen von bestehenden internen Ressourcen; was notwendigerweise von externen Anbietern zu beziehen ist."

„Die Organisation muss das Wissen bestimmen, das benötigt wird, um ihre Prozesse durchzuführen und um die Konformität von Produkten und Dienstleistungen zu erreichen. Dieses Wissen muss aufrechterhalten und in erforderlichem Umfang zur Verfügung gestellt werden. Beim Umgang mit sich ändernden Erfordernissen und Entwicklungstendenzen muss die Organisation ihr momentanes Wissen berücksichtigen und bestimmen, auf welche Weise jegliches notwendige Zusatzwissen und erforderliche Aktualisierungen erlangt oder darauf zugegriffen werden kann."

„Die Organisation muss für Personen […] die erforderliche Kompetenz bestimmen; sicherstellen, dass diese Personen auf Grundlage angemessener Ausbildung, Schulung oder Erfahrung kompetent sind; wo zutreffend, Maßnahmen einleiten, um die benötigte Kompetenz zu erwerben, und die Wirksamkeit der getroffenen Maßnahmen zu bewerten; angemessene dokumentierte Informationen als Nachweis der Kompetenz aufbewahren."

---

5 Qualitätsmanagementsysteme – Anforderungen (ISO 9001:2015), Deutsche und Englische Fassung EN ISO 9001:2015, November 2015, Kapitel 7

„Die Organisation muss sicherstellen, dass die Personen, die unter Aufsicht der Organisation Tätigkeiten verrichten, sich Folgendem bewusst sind: der Qualitätspolitik; der relevanten Qualitätsziele, ihres Beitrags […], einschließlich der Vorteile einer verbesserten Leistung; der Folgen einer Nichterfüllung der Anforderungen [..]."

„Das Qualitätsmanagementsystem der Organisation muss beinhalten: […] dokumentierte Information, welche die Organisation als notwendig für die Wirksamkeit […] bestimmt hat."

„Die Organisation muss die Ressourcen bestimmen und bereitstellen, […] um die Konformität von Produkten und Dienstleistungen mit festgelegten Anforderungen nachzuweisen."

## 8.4 Methodenbox

### Treasure Hunt

In jeder Redaktion schlummern nicht gehobene Schätze in Form von Wissen und Kompetenzen von Mitarbeitern. Es lohnt sich, wenn Sie sich auf die Suche machen – gerne entspannt und spielerisch, jenseits von Sätzen wie „Jetzt erstellt mal jeder ein Kompetenzprofil". Die Schatzsuche lebt von guten Fragen, die man auch gerne variieren kann. Wir stellen hier die Version der Spieleentwickler von Yes! We Connect vor.

**Das kann die Methode:**
- Kompetenzen, besondere Fähigkeiten von Mitarbeitern und Kollegen auf spielerische Art und Weise identifizieren.
- Für ein gutes Teamklima sorgen, weil sich alle ein bisschen besser kennenlernen.
- Eine erste Grundlage schaffen für die „Kompetenzmatrix" (siehe unten).

**Rahmen:** Konferenzen, Tagungen, Teamgespräche, Mitarbeitergespräche

**Vorbereitungszeit:** ca. eine Stunde

**Durchführungszeit:** ca. 30 bis 45 Minuten

**Gruppengröße:** jeweils Zweier-Teams

**Material:** vorbereitete Fragekarten (auf einem Notizblatt) oder käufliches Material

## TREASURE HUNT

> **I am the master!**
>   Welche Dinge aus Eurem Bereich kennt Ihr in- und auswendig?

> **My fascination!**
>   Welches Thema verfolgt Ihr aktiv in Blogs, Vorträgen oder Artikeln?

> **Count me in!**
>   In welchen Projekten seid Ihr immer bereit, mitzuwirken?

> **Help you out!**
>   Wobei würdet Ihr anderen gerne helfen?

> **Dream job!**
>   Mit wem würdet Ihr gerne für einen Tag den Platz tauschen?

> **Call me anytime!**
>   Zu welchen Themen kann man Euch zu jeder Zeit ansprechen?

**Abb. 8.1** Vorlage Treasure Hunt
Darstellung Marion Kenklies

## 8.4 Methodenbox

**So gehen Sie vor**
**Schritt 1:** Fragekärtchen erläutern.
**Schritt 2:** Zweierteams bilden.
**Schritt 3:** Partner sich gegenseitig befragen lassen.
**Schritt 4:** Am Ende jeder Fragerunde destillieren. Frager spiegeln das Gehörte an den Interviewpartner zurück und formulieren insbesondere die Nuggets / Diamanten (Was erscheint mir besonders wertvoll für uns?). Die Nuggets auf der Rückseite der Karte notieren.
**Schritt 5:** Erkenntnisse / Ergebnisse mit der Gruppe teilen.

**Achtung:**
Wenn die Methode nicht geübt wurde, kann es passieren, dass Mitarbeiter sich damit schwer tun, Diamanten zu finden. Es müssen nicht nur berufliche Dinge genannt werden – umso besser, wenn auch Kompetenzen oder Besonderheiten bekannt werden, die außerhalb des Berufes erworben wurden. Es muss unbedingt vorher geklärt werden, ob etwas oder was mit den Ergebnissen getan wird.

**Anschlussmethoden:** Kompetenzmatrix, Wissensmatrix

**Varianten:**
Die Fragen können bei Bedarf abgewandelt werden. Statt im Team kann man die Fragen gegebenenfalls auch im Mitarbeitergespräch, beim Personalentwicklungsgespräch oder beim Vorstellungsgespräch nutzen.

**Zusammenhang:** Personalentwicklung, Teamentwicklung, Kompetenzentwicklung

**Quelle / Referenz:**
Treasure Hunt wurde in dieser Form von den Spieleentwicklern von Yes! We connect erfunden. Auf der Website der Firma kann man vorgefertigtes Material kaufen. Mehr dazu hier: *https://www.yesweconnect.co/tools/*
Die Methode wird darüber hinaus im „Praxisbuch Agilität" vorgestellt.
*Häusling, Römer, Zeppenfeld, Praxisbuch Agilität: Tools für Personal- und Organisationsentwicklung (Freiburg: Haufe-Lexware GmbH & Co. KG, 1. Aufl. 2018.)*

## Kompetenzmatrix

In den meisten Unternehmen enthalten die Personalakten von Mitarbeitern Informationen dazu, welche Kompetenzen und Qualifikationen jeder einzelne vorzuweisen hat. In den wenigsten Fällen gibt es aber eine Übersicht, welche Kompetenzen und Qualifikationen im Team insgesamt vorhanden sein müssen, damit Aufgaben erfüllt und Ziele erreicht werden können. In diesem Fall hilft Ihnen eine Kompetenzmatrix.

**Das kann die Methode:**
- Auf einen Blick deutlich machen, welche Kompetenzen und Qualifikationen im Team gebraucht werden und vorhanden sind.
- Beim Weggang von Mitarbeitern sofort sichtbar machen, welche Qualifikationen und Kompetenzen dem Team dann verloren gehen.
- Bei Neubesetzung von Stellen gezielt Menschen ansprechen, die die fehlenden Kompetenzen und Qualifikationen mitbringen.
- Grundlage bieten für eine gezielte und kompetenzorientierte Personalentwicklung.

**Rahmen:** Mitarbeitergespräche, Strategie-Meeting

**Vorbereitungszeit:** keine

**Durchführungszeit:** erste Erstellung inkl. Befragungen und Bestandsaufnahme (pro Person ca. zwei Stunden), regelmäßige Aktualisierung erforderlich

**Gruppengröße:**
Lohnt sich ab 3 Personen, bei großen Gruppen (ab ca. 20 Personen) sollten einzelne Matrizen für Projekte, Bereiche oder Abteilungen angelegt werden.

**Material:** Excel-Tabelle oder sonstige geeignete Form der Visualisierung / Dokumentation

**So gehen Sie vor:**
**Schritt 1:** Alle notwendigen Kompetenzen und Qualifikationen personenunabhängig erfassen. Dazu kann man folgende Ansätze (gerne auch kombiniert) wählen:
c. Prozessperspektive – Welche Qualifikationen und Kompetenzen müssen vorhanden sein, um die Prozesse wie beschrieben umzusetzen?
d. Bereichsperspektive – Welche Qualifikationen und Kompetenzen müssen vorhanden sein, um im Bereich alle Aufgaben erfüllen zu können?

## 8.4 Methodenbox

e. Zielperspektive – Welche Qualifikationen und Kompetenzen müssen vorhanden sein, um die Ziele zu erreichen?

**Schritt 2:** Kompetenzen und Qualifikationen bei Bedarf clustern / zusammenfassen.

**Schritt 3:** Kompetenzen und Qualifikationen beispielsweise in eine Excel-Liste übertragen (oberste Zeile).

**Schritt 4:** Mitarbeiter (bei Bedarf auch anonymisiert) in die erste Spalte eintragen.

**Schritt 5:** Jeweils ein Kreuz setzen, wenn Mitarbeiter die notwendigen Kompetenzen und Qualifikationen mitbringen (Variante: Bewertung skaliert eintragen: Vollständig vorhanden, überwiegend vorhanden ... nicht vorhanden).

**Achtung:**
- Das Ergebnis macht deutlich, was ausreichend vorhanden oder auch gar nicht vorhanden ist.
- Wenn Mitarbeiter/-innen ausscheiden, ist sofort klar, welche Bereiche / Prozesse betroffen sind.
- Es ist erkennbar, welche Mitarbeiter möglicherweise nur einmal vorhandenes Spezialwissen vorweisen.
- Unbedingt datenschutzrechtliche Vorgaben berücksichtigen.

**Anschlussmethoden:** fehlende Kompetenzen oder Qualifikationen gezielt beschaffen (Personalentwicklung)

**Varianten:**
Die Matrix hilft auch beim Neuaufbau von Redaktionen, da Personal ganz gezielt angeworben werden kann.

**Zusammenhang:** Personalentwicklung

**Quelle / Referenz:**
Die Matrix ist ein in vielen Varianten sehr häufig genutztes Tool im Bereich Personalentwicklung und so keinem einzelnen Erfinder zuzuordnen.

## Mitarbeiterfragen

Wann immer größere Projekte oder Veränderungsmaßnahmen anstehen, haben Mitarbeiter im Vorfeld oft sehr viele Fragen dazu. Nicht alle Fragen können Sie erahnen. Je weniger Fragen offen im Raum stehen, desto eher sind Mitarbeiter bereit, an Projekten oder Veränderungsmaßnahmen mitzuarbeiten. Die Methode

Mitarbeiterfragen unterstützt Führungskräfte dabei, möglichst viele Fragen ihrer Mitarbeiter zu kennen und ggf. zu beantworten.

**Das kann die Methode:**
- Fragen aus der Mitarbeiterschaft zutage fördern.
- Unsicherheiten abbauen.
- Vertrauen schaffen.
- Motivation fördern.

**Rahmen:** Konferenzen, Besprechungen (zu Beginn von größeren Maßnahmen und Projekten)

**Vorbereitungszeit:** 15 Minuten

**Durchführungszeit:** 30 bis 90 Minuten

**Gruppengröße:** mittlere Gruppen (bis ca. 20 Personen), große Gruppen (ab ca. 20 Personen) inkl. der zuständigen Führungskräfte

**Material:** Moderationsausstattung

**So gehen Sie vor:**

**Schritt 1:** Metaplan-Wand beschriften mit den Fragewörtern: „Wer?", „Was?" „Wann?" „Wo?" „Wie?".

**Schritt 2:** Alle Teilnehmer bitten, für sich selbst innerhalb von fünf Minuten alle Fragen aufzuschreiben, die mit dem Fragewort „Wer?" beginnen.

**Schritt 3:** Alle Fragen unter „Wer?" sammeln und ggf. nach Ähnlichkeiten gruppieren.

**Schritt 4:** Die Führungskräfte bitten, nach Möglichkeit alle Fragen auf den Karten zu beantworten.

**Schritt 5:** Das Procedere mit den anderen Fragewörtern „Was?", „Wann?", „Wo?" und „Wie?" wiederholen.

**Schritt 6:** Alle nicht beantworteten Fragen sammeln und ggf. in einem weiteren Meeting beantworten.

## 8.4 Methodenbox

**Achtung:**
Entscheiden Sie sich ganz oder gar nicht für diese Methode. Sie dürfen keine Frage zur Tabu-Frage erklären, ebenso wenig in der Beantwortung ausweichen.

**Anschlussmethoden:** Kraftfeld-Analyse, Entwicklungs-Canvas, Handlungsplan

**Varianten:**
Alternativ können auch alle Fragen zuerst aufgeschrieben und im Anschluss vollständig beantwortet werden.

**Zusammenhang:** Projektmanagement, Kommunikation, Information, Bewusstsein

**Quelle / Referenz**
Sam Kaner, Lenny Lind, Catherine Toldi, Sarah Fisk, Duane Berger, Facilitator's Guide to Participatory Decision-Making (San Francisco: Jossey-Bass, 2014)

### 7P-Framework

Organisieren Sie Ihre Konferenzen so um, dass sie tatsächlich produktiv verlaufen. Das 7P-Framework hilft Ihnen dabei. Auch das 7P-Framework ist eine Canvas-Variante (vergleiche Prozess-Canvas und Entwicklungs-Canvas).

**Das kann die Methode:**
- Konferenzen produktiver machen.
- Zeit und Nerven sparen.

**Rahmen:** Konferenzen, Besprechungen

**Vorbereitungszeit:** fünf Minuten für die Vorbereitung des Framework

**Durchführungszeit:** zehn Minuten bis eine eine Stunde

**Gruppengröße:** Einzelpersonen, Zweier-Teams, kleine Gruppen (bis ca. 6 Personen), mittlere Gruppen (bis ca. 20 Personen)

**Material:** Moderationsausstattung

**Erläuterungen zum Framework**

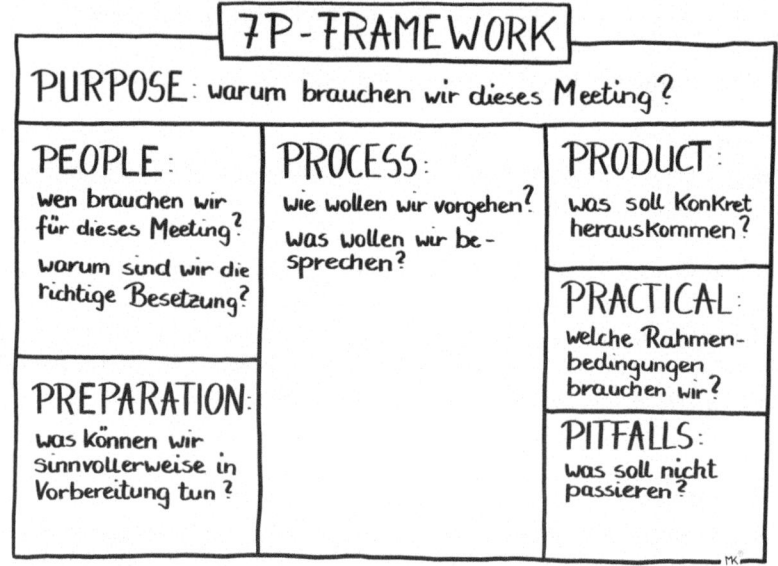

**Abb. 8.2** Vorlage 7P-Framework
Darstellung Marion Kenklies

Im Prinzip funktioniert das 7P-Framework wie eine Checkliste. In Vorbereitung einer Konferenz oder eines Trainings stellen Sie sich (bei Bedarf auch gemeinsam das ganze Team) folgende Fragen:

**People**: Wen brauchen wir, um die Besprechung / die Veranstaltung erfolgreich zu machen? (Namen oder bei Bedarf auch Rollen / Kompetenzen etc.)

**Product**: Was soll am Ende rauskommen? Welches Ergebnis streben wir an? Was muss mindestens passieren? (Das Ergebnis / Outcome sollte so konkret wie mögliche beschrieben werden.)

**Process**: Wie soll die Veranstaltung / das Meeting gestaltet werden, damit wir zuverlässig das gewünschte Ergebnis erreichen? (Hier kann beispielsweise eine Tagesordnung festlegen, Rollen verteilen, Zeiten vereinbaren etc. – je konkreter, desto besser.)

## 8.4 Methodenbox

**Preparation:** Was muss von wem vorbereitet werden? Was müssen die Teilnehmer/-innen vorbereiten / mitbringen / etc.? Was müssen Veranstalter / Leiter/-innen vorbereiten / mitbringen?
**Practical:** In diesem Zusammenhang klärt man die Logistik. Wo? Wann? Versorgung? Technik? Raum?
**Pitfalls:** Was soll nicht passieren? Was wollen wir vermeiden? (Stolpersteine / Risiken)

**So gehen Sie vor:** Felder ausfüllen.

**Anschlussmethoden:** keine

**Achtung:**
Es hat sich als sinnvoll erwiesen, die 7Ps großformatig irgendwo im Konferenzraum auszuhängen, damit sie für alle sichtbar während der Besprechungen oder Konferenzen im Blick bleiben.

**Zusammenhang:** Besprechungsmanagement

**Quelle / Referenz**
Die Variante 7-P-Framework ist veröffentlicht im Buch „Gamestorming" von Dave Gray, Sunni Brown und James Macanufo (ihm wird die Methode zugeschrieben). So ähnlich wird die Methode schon seit den 1980er Jahren im Marketing genutzt. Zunächst als 4P, später ergänzt auf 7P.

*Dave Grey, Sunni Brown, James Macanufo, Game-Storming: ein Praxisbuch für Querdenker, Moderatoren und Innovatoren (Köln, O'Reilly 2011)*

# Bei der Arbeit! 9

> **Zusammenfassung**
>
> Wie kann man die Idee der Kundenorientierung in der täglichen Arbeit umsetzen? Warum ist gute Planung nicht der Tod der Kreativität? Welche Schritte sind sinnvoll, wenn es um die Entwicklung von neuen Formaten oder die Umsetzung von innovativen Ideen geht? Warum ist es so wichtig, die Zusammenarbeit mit Produktionsfirmen oder freien Mitarbeitern aktiv zu gestalten? Wieviel Zufall verträgt Qualität? Und wie geht man im Alltag konstruktiv mit Fehlern um? Im Kapitel geht es unter anderem um die Themen Planung, Entwicklung, Umsetzung und Fehlermanagement. Die Methodenbox liefert Handwerkszeug für die Umsetzung.

> **Schlüsselwörter**
>
> Planung, Anforderungen, Kundenorientierung, Entwicklung, Innovation, Fehler, Fehlermanagement, Handlungsplan, Time-Boxing, Personas, NZM-Test, Empathy-Map, Entwicklungs-Canvas, COCD-Box, Aussagewunsch / Point of View, Flussdiagramm, Getting Things Done, Fehlersammelkarte

## 9.1 Neulich in der Musikredaktion

„Felix grinst", grinst Nina. Und der Chef, den Felix seit der Weihnachtsfeier Jochen nennen darf und Nina schon lange so, der Jochen also, der grinst auch. Alles grinst. Und das geht schon eine ganze Weile so. Seit der Chef, also Jochen, wieder zurück ist. Zu Hause bei Frau und Kind. Bei Sonja und Justin.

© Springer Fachmedien Wiesbaden GmbH, ein Teil von Springer Nature 2019
C. Chang-Langhorst et al., *Qualität managen*, Journalistische Praxis,
https://doi.org/10.1007/978-3-658-24005-9_9

**Nina leitet die Musikredaktion.** Sonja ist Ninas wichtigste Kundin. Und wenn Sonja mit Ninas Arbeit zufrieden ist, weil sie morgens zwischen 7 und viertel vor 8 zuverlässig Xavier Naidoo im Radio hört, dann sagt sie's dem Jochen, der dann auch zufrieden ist. Und dann lobt Jochen die Nina, die grinst. Sonja ist auch Felix wichtigste Kundin. Felix bestückt die Frühsendung mit Comedys. Sonja mochte das Spaßtelefon am Morgen überhaupt nicht und darum hatte Jochen zu Hause lange Zeit gar nichts zu lachen.

**„Sonja sagt, die besten Witze hatte immer noch der Heinz Erhard",** seufzte Jochen neulich in der Senderküche, als er verzweifelt nach einem sauberen Kaffeebecher suchte. Und als Jochen das seufzte und Nina das hörte, da kam ihr eine Hammer-Idee, die sie Felix präsentierte. Und nun grinst die Nina, da der Felix grinst, wo er doch vom grinsenden Jochen gelobt wird, wie unschlagbar lustig die Erhard-Gedichte sind, die die Moderatoren jetzt morgens zum Besten geben. Geht doch. Es wäre alles okay. Alles.

**Wäre da nicht die Ilona.** Die neue Kollegin aus der Buchhaltung, die der Sonja auch ziemlich ähnlich sieht, allerdings Naidoo nicht ausstehen kann und ganz sicher auch ihren eigenen Humor hat. Wenn die Ilona noch weiter dem Jochen so schöne Augen macht, dann hat sich's bald wieder mit grinsen und erfolgreich arbeiten.

## 9.2 Die Perspektive der ISO auf die tägliche Arbeit

Es kommt der Tag, an dem jeder Journalist sich mal ganz kurz wünscht, er würde in einer Fast-Food-Kette arbeiten. Da sagt der Kunde klipp und klar, was er haben will: Hamburger und Pommes. Und er kriegt, was er haben will: Hamburger und Pommes. Und er zahlt, was er haben wollte: Hamburger und Pommes. Wenn's so schmeckt wie immer, kommt der Kunde auch gerne wieder. Im Gegensatz zum Fast-Food-Restaurant kauft der Hörer, Leser, User oder Zuschauer erst einmal die berühmte „Katze im Sack." In Sachen Journalismus kann er nicht wissen, was er bekommt, wenn er einschaltet oder eine Zeitung oder ein Magazin kauft. Er tut es trotzdem. Er tut es, weil er darauf vertraut, dass er das bekommt, was er erwartet: Unterhaltung, Zerstreuung, gute Laune oder Informationen. Wird dieser Vertrauensvorschuss nicht erfüllt, ist der Hörer, User, Leser oder Zuschauer enttäuscht und irgendwann weg. Nichts ist also wichtiger als zu wissen, wer der Kunde eigentlich ist, was ihn glücklich macht und wie seine Erwartungen zuverlässig zu erfüllen sind. Zuverlässig ist das Gegenteil von zufällig! Für Zuverlässigkeit braucht es

## 9.2 Die Perspektive der ISO auf die tägliche Arbeit

geplante und gesteuerte Abläufe im Alltag. Deswegen heißt dieses Kapitel bei uns: Bei der Arbeit!

- Der Kunde mit seinen Wünschen, Anforderungen und Bedürfnissen ist König – an jedem Tag.
- Unausgereifte, nicht durchdachte Ideen und Neuerungen können den Kunden verärgern.
- Ob der Weg noch der richtige ist, muss immer wieder überprüft werden.
- Gute Arbeit braucht Raum für Feedback und Austausch.
- Jeder muss wissen, wer was wann und warum tut.

**Der Kunde ist König.** „Der Erfolg Ihres Unternehmens wird von zwei Faktoren bestimmt: von dem Kunden und von dem Produkt. Wenn Sie sich um den Kunden bemühen, kommt er zurück. Wenn Sie sich um das Produkt kümmern, kommt es nicht zurück. So einfach ist das, und doch so schwer." (Richard Whiteley, Autor „Ihr Kunde ist der Boss")

**Wer Kundenbedürfnisse nicht erfüllt, wird langfristig keinen Erfolg haben.** Das ist nicht nur in der Wirtschaft so, sondern auch in den Medien. Um Bedürfnisse zu erfüllen, muss man allerdings erst einmal ermitteln, was denn der Kunde überhaupt will und erwartet. Und das ist leider nicht so einfach wie in der Pommesbude oder im Autohaus. Es gibt wenig direkten Kontakt mit den Kunden. Sie kommen nur selten in die Redaktion und „bestellen" für sie wichtige Infos oder Geschichten. Sie können nur selten konkrete Anforderungslisten liefern.

**Aus diesem Grund werden Millionen Euro in die Marktforschung gesteckt:** Wer hört oder guckt wann was? Sind es Männer oder Frauen, Schlaue oder Dumme, Spießer oder Revoluzzer? Was wird am meisten gelesen und geklickt, guckt der User erst nach oben links oder nach rechts unten? Putzt er dabei die Zähne, sitzt er am Frühstückstisch oder liegt er noch im Bett? In welchem Alter bleibt wer wie lange wo dran? Prinzipiell wissen Medienunternehmen eine Menge über ihre Kunden, arbeiten damit aber selten richtig systematisch. Die ISO schlägt vor, die Informationen regelmäßig und bewusst zu nutzen. Das heißt, nicht nur einmal im Jahr die Ergebnisse der Marktforschung über sich ergehen zu lassen, sondern mit diesen Daten tagtäglich zu arbeiten. Was folgt daraus, dass unser Durchschnitts-User 24 Jahre alt und weiblich ist, knallige Haarfarben mag, einen hohen Bildungsabschluss hat und am liebsten zwischen 23 Uhr und 4 Uhr online ist? Welche Bedürfnisse stillt diese Person bei uns? Was erwartet sie von uns? Was wünscht sie sich? Womit können wir sie begeistern? Sind diese im ISO-Verständnis „Anforderungen" bestimmt, geht es darum, gemeinsam und zuverlässig jeden Tag oder Nacht daraufhin zu arbeiten, diese Anforderungen nachhaltig zu erfüllen. Mit jedem Beitrag zum jeweiligen Produkt, aber auch mit jeder anderen Entscheidung oder Arbeitsleistung, die nur indirekt mit dem Produkt zu tun hat. Denn nur begeisterte Kunden werden dem Unternehmen auf Dauer treu bleiben.

**Das mit der Begeisterung wirkt auch nach innen.** Die Norm spricht in diesem Zusammenhang von „internen Kunden." Interne Kunden sind die Menschen im Unternehmen, die das Ergebnis der Arbeit anderer bekommen und damit weiterarbeiten müssen oder dürfen. Auch in diesem Zusammenhang spricht die Norm von Anforderungen, die ermittelt werden sollten. Bekommt der Kollege nicht all das, was er braucht, um vernünftig weiterarbeiten zu können, muss er ständig die Fehler von Kollegen ausbügeln, den Beitrag nachschneiden, den Artikel erst mal vernünftig abspeichern, gerät die Maschinerie ins Stocken. Dinge müssen nachgearbeitet werden und kosten so mehr Zeit als eigentlich vorgesehen war. Dadurch wiederum verzögern sich anschließende Arbeitsprozesse, am Ende entstehen Stress und Druck und möglicherweise ein nicht ganz so perfektes Produkt. Und das wiederum verärgert den externen Kunden: den User, Leser, Zuschauer oder Hörer.

**Zuverlässig gute Qualität abzuliefern, ist das Ziel der täglichen Arbeit.** Und das geht nach der Norm-Idee nur, wenn die Arbeit unter „beherrschten Bedingungen" geleistet wird. Beherrschte Bedingungen heißt, jeder weiß, was er warum wie zu tun hat. In der Fast-Food-Kette ist jeder Handgriff von der Aufnahme der Bestellung bis zum Überreichen von Hamburger und Pommes für jeden Mitarbeiter vorgegeben. Deswegen bekommt der Kunde in der Regel in der Fast-Food-Kette immer die Qualität, die er auch erwartet hat. Auch in Redaktionen gibt es jede Menge täglicher Arbeitsabläufe. Zum Beispiel die Beitragsabnahme oder Endredaktion. Oder wenn ein Reporter von einem Termin zurückkehrt. Die ISO nennt diese Arbeitsabläufe Prozesse (vgl. Kapitel 5).

Interessant ist, dass in Redaktionen häufig der Glaube herrscht, dass man sich einig ist, wie Dinge zu tun sind, damit am Ende was Gutes dabei rauskommt. In der Praxis macht es aber dann jeder ein bisschen oder deutlich anders. Das fällt beispielsweise dann auf, wenn es beim einen Kollegen immer etwas länger dauert oder beim anderen Kollegen viel weniger Missverständnisse in Übergaben auftreten oder wenn neue Mitarbeiter oder Praktikanten eingearbeitet werden und man sich wundert, was der Kollege da gerade erzählt. Weil sich kein Mensch alles merken kann und die Gehirnkapazitäten für die Recherche und das Texten frei bleiben sollten, ist es sinnvoll, die wichtigsten Arbeitsabläufe verbindlich zu vereinbaren und aufzuschreiben. Im Norm-Deutsch heißt das: Kernprozesse dokumentieren.

## 9.2 Die Perspektive der ISO auf die tägliche Arbeit

Das bedeutet ausdrücklich nicht, dass die kreative Leistung eines Journalisten reglementiert werden soll. Sondern das, was um diese kreative Leistung herum passiert.

**Prozesse sorgen für Klarheit.** Ist erst einmal aufgeschrieben, was die Kernprozesse sind und wie sie im Idealfall ablaufen sollten, werden viele Diskussionen, ständiges Nachfragen und nicht zielführende Interpretationen in der Redaktion überflüssig. Wer anfängt, sich mit Prozessen zu beschäftigen, findet in der Regel sofort Verbesserungspotenzial. Es wird das hinterfragt, was man immer schon so gemacht hat, vielleicht aber gar nicht mehr den aktuellen Anforderungen entspricht. Arbeitsabläufe werden als überholt oder überflüssig erkannt, doppelte Wege oder unklare Verantwortlichkeiten entdeckt. Sind Arbeitsabläufe sauber definiert, müssen Mitarbeiter nicht mehr lange überlegen, „wie das nochmal war oder ging", sondern können im Fall der Fälle einfach nachgucken. Neue Kollegen sind blitzschnell und sicher eingearbeitet und müssen nicht ständig wieder nachfragen. Ablaufpläne für besondere Lagen sorgen dafür, dass jeder sofort weiß, was zu tun ist und wer es tut. Das spart Zeit, Nerven und Energie, die dann in kreative oder innovative Ideen investiert werden können.

**Prozessorientierung führt auch dazu,** dass es in der Redaktion ein gemeinsames Verständnis von der Arbeitsorganisation und von Qualität gibt. Ein unmissverständlich verankertes Vier-Augen-Prinzip zum Beispiel schützt vor Falschmeldungen oder peinlichen Rechtschreibfehlern. Eine Beitragsabnahme, die klaren Kriterien unterliegt, entdeckt vor dem Zuschauer, dass die Inhalte an der Zielgruppe vorbeigehen. Geregelt ist dann auch, was mit nicht sende- oder druckfähigem Material geschieht und wer das eigentlich entscheidet. Kurzum: Prozessorientiertes Arbeiten sorgt für die Einhaltung der vereinbarten Qualitätsstandards. Und damit für ein zuverlässig qualitativ hochwertiges Produkt. Natürlich gelten die vereinbarten Qualitätsstandards dann auch für extern angelieferte Beiträge, Texte, Fotos oder Videos. Auch darauf lenkt die Norm die Aufmerksamkeit.

**Auch die Entwicklung von Neuem folgt im Verständnis der ISO 9001 einer Struktur,** also einem Prozess. Es klingt vielleicht erst mal komisch, etwas Neues entwickeln zu sollen und sich dabei an einem vorher festgelegten Ablauf zu orientieren. Wie aber auch in der täglichen, „normalen" Arbeit geht es hierbei nicht um die Reglementierung der Kreativität, sondern darum, die hochfliegende kreative Idee mit einer stabilen Konstruktion langstreckenfähig zu machen und vor dem Absturz zu bewahren. „Neu" heißt für den Kunden nicht automatisch gut. Sondern erst einmal nur: Neu. Ungewohnt. Gewöhnungsbedürftig. Bei neuen Ideen, Konzepten, Sounds oder Layouts bekommt der Leser, Zuschauer, User oder Hörer zunächst einmal nicht das, was er erwartet hat. Damit etwas Neues auch als etwas Gutes bewertet wird, braucht es im Entwicklungsprozess besonders viel Aufmerksamkeit und sorgfältige Planung. Und die Beantwortung der Kernfrage: Was wollen wir mit dieser Neuerung eigentlich für wen erreichen? Und diese Frage zieht viele weitere nach sich: Welche Kriterien muss das Neue erfüllen, damit wir genau dieses Ziel erreichen? Ist es das, was der Kunde will oder braucht? Oder machen wir das, weil wir uns selber mit uns langweilen? Wie können wir das testen? Was könnte schiefgehen? Was könnte Gutes passieren? Geht es vielleicht noch besser als ursprünglich gedacht? Wer und was ist alles von dieser Neuerung betroffen und muss mitbedacht werden? Stehen dafür ausreichend Ressourcen zur Verfügung? Und die ISO wäre nicht die ISO, wenn nicht auch hier ständiges Reflektieren, Bewerten und Hinterfragen angesagt wäre.

**Ist das hier der richtige Weg?** Das gilt für die Entwicklung genauso wie für alle anderen Arbeitsprozesse. Da sich die Anforderungen an Medienunternehmen ständig ändern, braucht es den regelmäßigen Blick auf Zahlen, Daten, Informationen, Ziele und Arbeitsabläufe. Ist die Zielgruppe nicht mehr vorwiegend weiblich und 24 Jahre alt, ist es sinnlos, weiter sie als Kundin im Kopf zu haben. Erfüllen extern zugekaufte Dienstleistungen nicht die eigenen Qualitätsstandards, muss man aktiv werden. Erweisen sich festgelegte Arbeitsprozesse als nicht durchführbar, ist es sinnvoll, auch darüber zu reden.

**Austausch und Feedback sind hier die zentralen Anforderungen.** Und zwar sowohl mit den internen Kunden – also mit den Kollegen – als auch mit den externen Kunden: den Zuschauern, Hörern, Usern und Lesern. Dafür braucht es Raum, Zeit, Ausstattung und Bewusstsein. Wann immer die Redaktion mit ihren Kunden in direkten Kontakt kommt, kann das genutzt werden, um den Kunden an sich zu binden. Ein Anruf auf der Verkehrshotline könnte gleichzeitig Anlass sein, um sich Feedback einzuholen. Eine Beschwerdemail könnte dazu anregen, sich zu hinterfragen. Ein Lob dazu, sich gegenseitig auf die Schulter zu klopfen und zu überlegen, wie man mehr davon generieren kann. Um die Kommunikation mit den Kunden nutzbar zu machen, lädt die ISO dazu ein, sich auch dafür ein paar Regeln zu überlegen. Wer antwortet bei Facebook und wie? Wie gehen wir mit Beschwerden um, wie mit Lob? Was machen wir daraus? Wie oft gucken wir uns das an? Können wir Telefonate dazu nutzen, mehr über unsere Hörer zu erfahren? Was sollen die Zuschauer über uns erfahren? Wie viel Interaktion und Mitsprache wollen wir auf unserer Website zulassen? Der Kunde ist der König – und wer will schon die Kommunikation mit dem König dem Zufall überlassen?

▶ **Fazit:** Gute Qualität ist kein Zufall.

### Hand aufs Herz

- Können Sie und Ihre Mitarbeiter die Anforderungen an die Produkte nennen?
- Werden Mitarbeiter genauso sorgsam behandelt wie der Kunde?
- Laufen die wichtigsten Arbeitsprozesse in Ihrem Unternehmen immer zuverlässig nach dem gleichen Schema ab?
- Liefern diese Arbeitsprozesse zuverlässig gute Ergebnisse?

## 9.3 ISO-Häppchen im Wortlaut[6]

„Die Organisation muss die Prozesse zur Erfüllung der Anforderungen an die Bereitstellung von Produkten und Dienstleistungen [...] planen, verwirklichen und steuern, indem sie :
- die Anforderungen an die Produkte und Dienstleistungen bestimmt; die Ressourcen bestimmt, die benötigt werden, um die Konformität mit den Produkt- und Dienstleistungsanforderungen zu erreichen; die Steuerung der Prozesse [...] durchführt, in erforderlichem Umfang dokumentierte Information bestimmt, aufrechterhält und aufbewahrt."

„Die Organisation muss geplante Änderungen überwachen sowie die unbeabsichtigten Änderungen beurteilen und, falls notwendig, Maßnahmen ergreifen, um nachteilige Auswirkungen zu vermindern."

„Die Organisation muss sicherstellen, dass ausgegliederte Prozesse gesteuert werden."

„Die Organisation muss sicherstellen, dass sie die Fähigkeit besitzt, die Anforderungen an die Produkte und Dienstleistungen, die Kunden angeboten werden, zu erfüllen. Die Organisation muss [...] eine Überprüfung durchführen, die Folgendes einschließt:
- die vom Kunden festgelegten Anforderungen, [...] die vom Kunden nicht angegebenen Anforderungen, die jedoch für den festgelegten oder den beabsichtigten Gebrauch, soweit bekannt, notwendig sind; von der Organisation festgelegte Anforderungen [...]."

„Die Organisation muss einen Entwicklungsprozess erarbeiten, umsetzen und aufrechterhalten, der dafür geeignet ist, die anschließende Produktion und Dienstleistungserbringung sicherzustellen."

---

6 Qualitätsmanagementsysteme – Anforderungen (ISO 9001:2015), Deutsche und Englische Fassung EN ISO 9001:2015, November 2015, Kapitel 8

„Die Organisation muss die Produktion und die Dienstleistungserbringung unter beherrschten Bedingungen durchführen."

„Die Organisation muss in geeigneten Phasen geplante Vorkehrungen umsetzen, um zu verifizieren, dass die Anforderungen an Produkte und Dienstleistungen erfüllt worden sind."

„Die Organisation muss sicherstellen, dass Ergebnisse, die die Anforderungen nicht erfüllen, gekennzeichnet und gesteuert werden, um deren unbeabsichtigten Gebrauch oder deren Auslieferung bzw. deren Erbringung zu verhindern."

## 9.4 Methodenbox

### Handlungsplan

Mit dem Handlungsplan schaffen Sie Verbindlichkeit, indem Sie zu jeder Idee, die Sie umsetzen wollen, sofort konkrete Handlungsschritte definieren und Verantwortliche benennen.

**Das kann die Methode:**
- Verbindlichkeit herstellen.
- Übersichtlichkeit bei komplexen Aufgaben schaffen.
- Dafür sorgen, dass nicht nur geredet, sondern gehandelt wird.

**Rahmen:** Besprechungen, Konferenzen, Klausuren, Workshops etc.

**Vorbereitungszeit:** keine

**Durchführungszeit:** je nach Komplexität der Aufgabe zwischen 15 Minuten und ein bis mehrere Stunden

**Gruppengröße:** Einzelpersonen, Zweier-Teams, kleine Gruppen (bis ca. 6 Personen), mittlere Gruppen (bis ca. 20 Personen)

**Material:** Moderationsausstattung, EXCEL / Word (Tabellen)

## 9.4 Methodenbox

**So gehen Sie vor:**
Für alle Ideen, Aufgaben etc., die umgesetzt werden sollen, werden in der Tabelle die Spalten „Was" / „Wie konkret" / „Wer" / „Bis wann" eingetragen.

**Achtung:**
Die kleine Methode Handlungsplan ist ein Muss für den Abschluss aller Konferenzen, Besprechungen etc.

**Anschlussmethoden:** je nach Aufgabe

**Varianten:**
Ein Handlungsplan kann auch hilfreich sein, wenn Sie oder Mitarbeiter bestimmte Ziele erreichen wollen. Hier hilft er dabei, die sinnvollen Handlungsschritte in eine gute Reihenfolge zu bringen und Verbindlichkeit herzustellen. Dazu müssen erst die einzelnen Schritte definiert werden. In dieser Variante eignet sich die Methode beispielsweise für die jährlichen Mitarbeitergespräche.

**Zusammenhang:** Personalentwicklung, Verbesserung, Arbeitsorganisation

**Quelle / Referenz:**
Die Methode ist keiner Quelle zuzuordnen. Sie gehört in den Methodenkoffer von Coaches genauso wie von Sportpsychologen oder Design-Thinkern.

### Time-Boxing

Mithilfe eines sehr konsequenten Time-Boxings können Sie Konferenzen, Meetings und Aufgaben straffer organisieren.

**Das kann die Methode:**
- Hilft durch klare Zeiteinteilung, Dead-Lines einzuhalten.
- Diszipliniert.
- Verkürzt Konferenzen und Meetings.
- Verhindert Zeitverschwendung.

**Rahmen:** Konferenzen, Meetings, Besprechungen, Workshops, Klausuren etc.

**Vorbereitungszeit:** keine

**Durchführungszeit:** wird jeweils bestimmt

**Gruppengröße:** für alle Gruppengrößen anwendbar

**Material:** Time-Timer (Backtimer) oder Stoppuhr oder Wecker

**So gehen Sie vor:**
Zeit für die Arbeits- oder Diskussionseinheit festlegen, transparent machen, Timer stellen, für die Beteiligten sichtbar im Raum platzieren und nach Ablauf der Zeit Diskussion beenden.

**Achtung:**
Funktioniert nur, wenn sich tatsächlich alle an die Zeitfenster halten. Die Methode ist am Anfang ungewohnt und führt vielleicht zu Irritationen. Das legt sich spätestens zu dem Zeitpunkt, an dem alle von der effizienten Vorgehensweise profitieren.

**Anschlussmethoden:** keine

**Varianten:** keine

**Zusammenhang:** Zeitmanagement

**Quelle / Referenz:**
„Arbeit dehnt sich in genau dem Maß aus, wie Zeit für ihre Erledigung zur Verfügung steht." Dieser Satz stammt von dem britischen Soziologen, Historiker und Publizisten Cyrill Northcote Parkinson aus den 1950er Jahren. Oder anders ausgedrückt: Je mehr Zeit ich für eine bestimmte Aufgabe habe, desto mehr Zeit brauche ich auch, um die Aufgabe zu erfüllen. An dieser Erkenntnis setzt die Methode Time-Boxing an, die aus dem Zeitmanagement stammt. Sie wird auch im agilen Universum erfolgreich eingesetzt (Scrum, Design-Thinking). Die Idee besteht darin, grundsätzlich am Beginn von Aufgaben, ToDos oder Projekten, klar definierte und verbindliche Zeiträume (time boxes) festzulegen, in denen das Ergebnis / die Ergebnisse erledigt sein müssen. Dies gilt auch oder sogar erst recht für komplexe Aufgaben.

*Cyril Northcote Parkinson, Parkinsons neues Gesetz (Reinbek: Rowohlt, 1994) –* deutsche Übersetzung des Originals aus *Parkinson's Law, The Economist, 1955*

## Persona

Nutzen Sie Personas, um sich bei der Produkt- oder Formatentwicklung in die Lage der potenziellen und Bestandskunden zu versetzen und deren Bedürfnisse besser zu erfassen.

**Das kann die Methode:**
- Statistische Daten visualisieren und emotionalisieren.
- Bauchgefühl mit Fakten unterstützen.
- Das Bild vom Leser / Hörer / Zuschauer / User transparent machen.

**Rahmen:** Strategiemeeting, Entwicklungsworkshops

**Vorbereitungszeit:** keine (wenn die Personas vom Team sozusagen aus den Erfahrungswerten heraus „imaginiert" werden) bis sehr viel (wenn qualitative Forschung oder Interviews vorausgehen)

**Durchführungszeit:** eine bis mehrere Stunden

**Gruppengröße:** Einzelpersonen, Zweier-Teams, kleine Gruppen (bis ca. 6 Personen), mittlere Gruppen (bis ca. 20 Personen), große Gruppen (ab ca. 20 Personen); bei mehr als 20 Personen sollten die Gruppen in kleine Gruppen geteilt werden.

**Material:** Moderationsausstattung, ggf. Vordrucke für die Personas

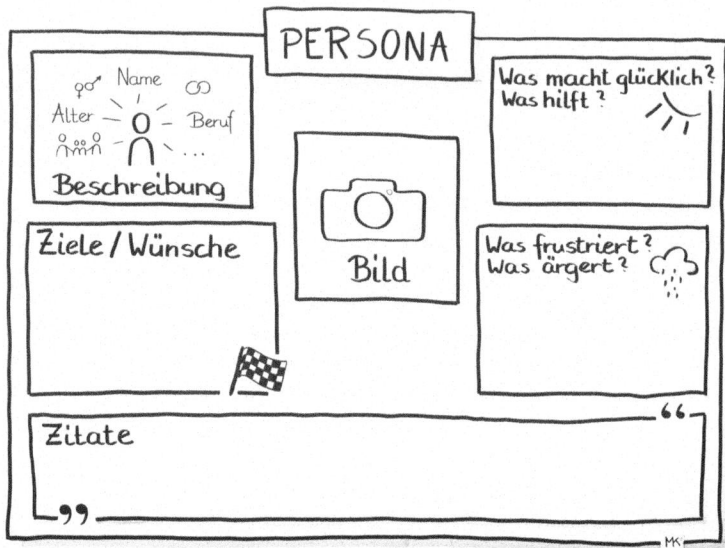

**Abb. 9.1** Vorlage Persona
Darstellung Marion Kenklies

**So gehen Sie vor:**
Grundidee: Personas werden mit einem Namen, idealerweise mit einem Gesicht, einer Funktion, einem Werdegang und einem Privatleben versehen. Personas haben Wünsche, Ziele, Ängste und Vorlieben. Wer es richtig gründlich machen will, nutzt zur Erstellung die Ergebnisse qualitativer Marktforschung. Wenn es schnell gehen soll, können Interviews mit einzelnen Nutzern geführt werden (geht auch als Straßenumfrage). Wenn gar keine Zeit ist, sammelt man die Erfahrungen der Team-Mitglieder mit Lesern, Zuschauern, Hörern oder Usern.

**Achtung:**
- Es geht nicht darum, fiktive Personen zu erfinden.
- Es geht nicht darum, idealtypische Personen zu definieren, sondern den tatsächlich vorhandenen Leser-, Hörer-, User, Seher-Stamm zu visualisieren.
- In der Regel sind vier bis fünf Personas ausreichend.

**Anschlussmethoden:** Formatentwicklung, Sendungsplanung, Produktplanung etc.

## 9.4 Methodenbox

**Varianten:**
Erfinden Sie Ihre eigenen Kategorien, je nach Schwerpunkt und Fragestellung.

**Zusammenhang:** Innovation, Entwicklung, Programmplanung, Konzeptentwicklung, Feedback

**Quelle / Referenz:**
Das Persona-Tool wurde von Allen Cooper für ein Softwareentwicklungsprojekt Anfang der 1980er Jahre entwickelt. Er ist Vater der Software Visual Basic.
Allen Coopers Seite im Netz: *www.cooper.com* – hier findet sich ein Artikel zum Thema: The origin auf Personas.

## NZM-Test

NZM steht für **Neu – Zweckdienlich – Machbar.**

Der NZM-Test hilft Ihnen dabei, die Machbarkeit von Ideen zu bewerten. Es geht darum, eine möglichst objektive Aussage im Team zu erreichen.

**Das kann die Methode:**
- Im Anschluss an eine Ideenfindungsphase Komplexität reduzieren.
- Entscheidungen unterstützen.

**Rahmen:** Konferenzen, Tagungen, Einzelarbeit, Workshops

**Vorbereitungszeit:** keine

**Durchführungszeit:** 15 Minuten bis eine Stunde je nach Gruppengröße und Komplexität des Themas

**Gruppengröße:** Einzelpersonen, Zweier-Teams, kleine Gruppen (bis ca. 6 Personen), mittlere Gruppen (bis ca. 20 Personen) – funktioniert am besten bei einer Gruppengröße von maximal 10 – 20 Personen

**Material:** Moderationsausstattung

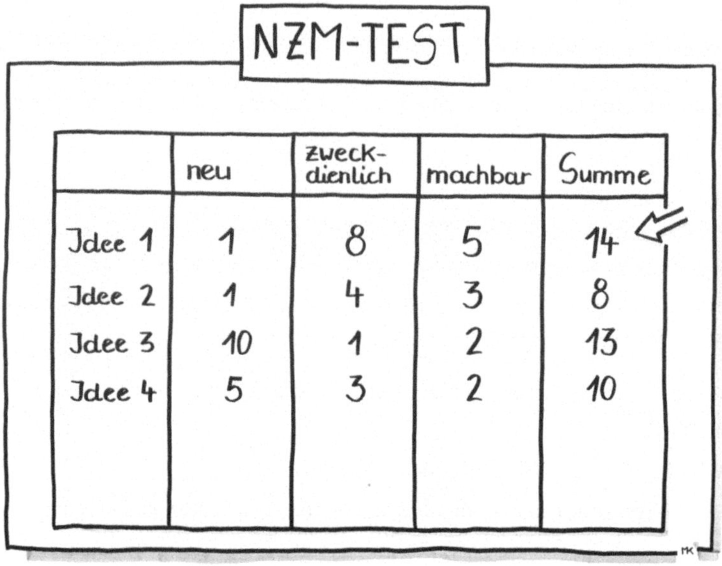

## NZM-TEST

|  | neu | zweck-dienlich | machbar | Summe |
|---|---|---|---|---|
| Idee 1 | 1 | 8 | 5 | 14 |
| Idee 2 | 1 | 4 | 3 | 8 |
| Idee 3 | 10 | 1 | 2 | 13 |
| Idee 4 | 5 | 3 | 2 | 10 |

**Abb. 9.2** Beispiel NZM-Test
Darstellung Marion Kenklies

**So gehen Sie vor:**
**Schritt 1:** Ideen in Tabelle übertragen.
**Schritt 2:** Ideen auf einer Skala von 1 bis 10 bewerten (Wie neu? Wie zweckdienlich? Wie machbar?).
**Schritt 3:** Punkte zusammenzählen und Ideen ranken; die Ideen mit den meisten Punkten umsetzen.
- Alternative zu **Schritt 3:** Bei allen überlegen, wie man die Punktzahl ggf. erhöhen kann: Beispiel: Wie können wir die Idee so abwandeln, dass sie nicht mehr so teuer in der Umsetzung ist?

**Achtung:**
Bewerten Sie zügig und diskutieren Sie nicht während der Bewertung. Wenn beim Auswerten Zweifel an Ideen entstehen, können Sie überlegen, wie man die Ideen noch stärken kann.

## 9.4 Methodenbox

**Anschlussmethoden:** Maßnahmenplanung, Projektplan, To-do-Listen, Handlungsplan

**Varianten:**
Bei Bedarf kann man die Kriterien ändern. Beispiel: Innovativ statt Neu. Schnell gemacht statt Machbar etc.

**Zusammenhang:** Ideenmanagement, Verbesserungsmanagement, Changemanagement, Arbeitsorganisation etc.

**Quelle / Referenz:**
Dave Grey, Sunni Brown, James Macanufo, *Game-Storming: ein Praxisbuch für Querdenker, Moderatoren und Innovatoren* (Köln, O'Reilly 2011)
Die Autoren verweisen darauf, dass die Methode eine abgewandelte Variante eines Testverfahrens für Patente ist.

### Empathy-Map

Arbeiten Sie mit der Empathy-Map als Alternative zur etwas aufwendigeren Methode der Personas, um sich ein Bild über Bedarfe und Bedürfnisse von Kunden zu verschaffen.

**Das kann die Methode:**
- Nutzerbedürfnisse auf den Punkt bringen.
- Aufmerksamkeit auf emotionale Aspekte lenken.

**Rahmen:** Konferenzen, Tagungen, Strategiemeeting, Entwicklungsworkshops

**Vorbereitungszeit:** keine

**Durchführungszeit:** ca. 20 Minuten bis eine Stunde

**Gruppengröße:** Einzelpersonen, Zweier-Teams, kleine Gruppen (bis ca. 6 Personen), mittlere Gruppen (bis ca. 20 Personen) – bei mehr Personen sollte in Gruppen gearbeitet werden.

**Material:** Moderationsausstattung, ggf. die Map für alle Beteiligten als DIN A4 Ausdruck

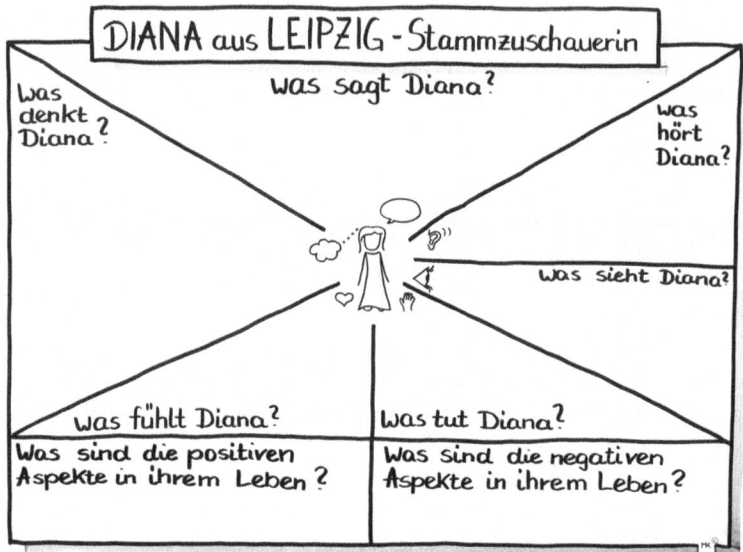

**Abb. 9.3** Beispiel Empathy-Map
Darstellung Marion Kenklies

**So gehen Sie vor:**

**Schritt 1:** Typische User definieren / auswählen.

**Schritt 2:** Fragestellung für die Felder der Empathy-Map festlegen.

**Schritt 3:** Die Map mit den Beteiligten füllen (Brainstorming, Rollenspiele, Beobachtung, Interviews etc.).

**Achtung:** Bei dieser Methode geht es nicht um Objektivität. Noch intensiver wirkt die Methode, wenn festgelegt wird, ob Nutzer allgemein oder in einer bestimmten Situation beschrieben werden sollen. Sie lässt sich relativ schnell anwenden und fokussiert darüber hinaus viel mehr auf die Gefühlswelt der Nutzer. Dass die Empathy-Map sich an den Sinnesorganen orientiert, ist insbesondere im Medienbereich hilfreich.

**Anschlussmethoden:** Handlungsplan, Entwicklungs-Canvas

**Varianten:**
Die Empathy Map kann in unterschiedlichen Situationen und mit unterschiedlicher Besetzung erstellt werden. Im Design-Thinking werden zunächst Interviews mit Nutzern geführt. Man kann sie aber auch „ungestützt" im Team durchspielen, um ein gemeinsames Gefühl für Nutzer zu bekommen. Wird sie als Methode in Fokus-Gruppen (Testgruppen) eingesetzt, dann füllen die Nutzer die Map selber aus.

**Zusammenhang:** Innovation, Programmentwicklung, Feedback, etc.

**Quelle / Referenz:**
Als Quelle wird das Unternehmen XPLANE genannt. Es kommt ursprünglich aus der qualitativen Marktforschung. Aktuell wird sie gerne und intensiv im Design-Thinking genutzt.

## Entwicklungs-Canvas

Canvas als Visualisierungsformat ist ausführlich beschrieben im Kapitel 5. Nutzen Sie diese Canvas-Variante zur Format-, Produkt-, Konzept- oder Projektentwicklung.

**Das kann die Methode:**
- Komplexe Zusammenhänge visualisieren.
- Denkprozesse strukturieren.

**Rahmen:** Strategiemeeting, Entwicklungsworkshops, Klausuren

**Vorbereitungszeit:** keine

**Durchführungszeit:** vier Stunden bis mehrere Tage

**Gruppengröße:** Einzelpersonen, Zweier-Teams, kleine Gruppen (bis ca. 6 Personen), mittlere Gruppen (bis ca. 20 Personen) – bei mehr Personen sollte in Kleingruppen gearbeitet werden.

**Material:** Moderationsausstattung, Canvas als Vorlage

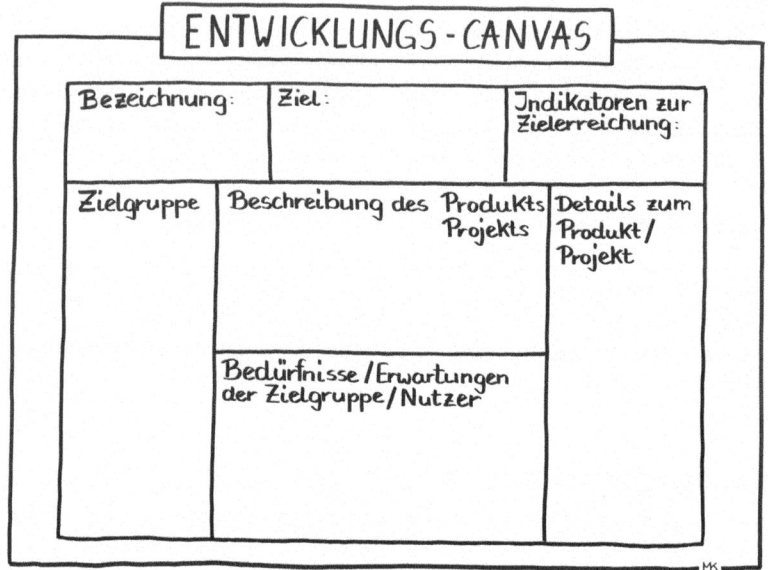

**Abb. 9.4** Vorlage Entwicklungs-Canvas
Darstellung Marion Kenklies

**So gehen Sie vor:**

Schritt 1: Thema / Idee formulieren. Um was geht es? Wie heißt unser Projekt?

Schritt 2: Ziele festlegen: Was wollen wir erreichen? Wo wollen wir hin? Was wollen wir lösen? Was wollen wir anbieten?

Schritt 3: Indikatoren zur Zielerreichung festlegen. Woran werden wir erkennen, dass das Ziel / die Ziele erreicht ist / sind?

Schritt 4: Zielgruppe benennen und beschreiben (siehe dazu auch Personas und Empathy-Map). Welche Bedürfnisse / Erwartungen Ihrer Zielgruppen sind Ihnen bekannt und sollen erfüllt werden?

Schritt 5: Produkt beschreiben. Möglichst visuell (Diagramme, Bilder, Userstorys, Mood-Boards, Scenarios, Storyboards etc.).

Schritt 6: Details besprechen und festhalten (beispielsweise als Projektplan oder Scrum-Sprint).

## 9.4 Methodenbox

**Achtung:**
Keine Angst vor der komplex wirkenden Methode, Sie können nichts falsch machen.

**Anschlussmethoden:** Projektplanung, Handlungsplan, Maßnahmenplan etc.

**Varianten:**
Wie beschrieben – Canvas können sehr vielfältig genutzt werden. Entwickeln Sie bei Bedarf einfach Ihre eigene Canvas. Unsere Varianten von Canvas finden Sie im fünftem (Prozess-Canvas) und im achten Kapitel (7 P).

**Zusammenhang:** Innovationsmanagement, Programmmanagement, Entwicklung etc.

**Quelle / Referenz:**
Die ursprüngliche Idee stammt von dem Schweizer Unternehmer, Dozent und Autor Alex Osterwalder.
*Alexander Osterwalder, Yves Pignuer, Business-Model-Generation – ein Handbuch für Visionäre, Spielveränderer und Herausforderer (Frankfurt am Main: Campus-Verlag GmbH, 2011)*

## COCD-Box

Die Box wurde vom COCD (Center for Development of Creative Thinking in den Niederlanden) entwickelt. Daher der Name. Die COCD-Box unterstützt Sie dabei, Ideen zu priorisieren und so die vielversprechendste Idee herauszufiltern.

**Das kann die Methode:**
- Entscheidungen im Konsens herbeiführen.
- Diskussionen und Entscheidungen versachlichen.
- Entscheidungen visualisieren.

**Rahmen:** Konferenzen, Tagungen, Einzelarbeit

**Vorbereitungszeit:** keine

**Durchführungszeit:** 15 Minuten bis mehrere Stunden, je nach Gruppengröße und Komplexität des Themas

**Gruppengröße:** Einzelpersonen, Zweier-Teams, kleine Gruppen (bis ca. 6 Personen), mittlere Gruppen (bis ca. 20 Personen) – funktioniert am besten in einer Gruppengröße von max. 10 bis 20 Personen, bei größeren Gruppen kann man arbeitsteilig vorgehen.

**Material:** Moderationsausstattung

**So gehen Sie vor:**

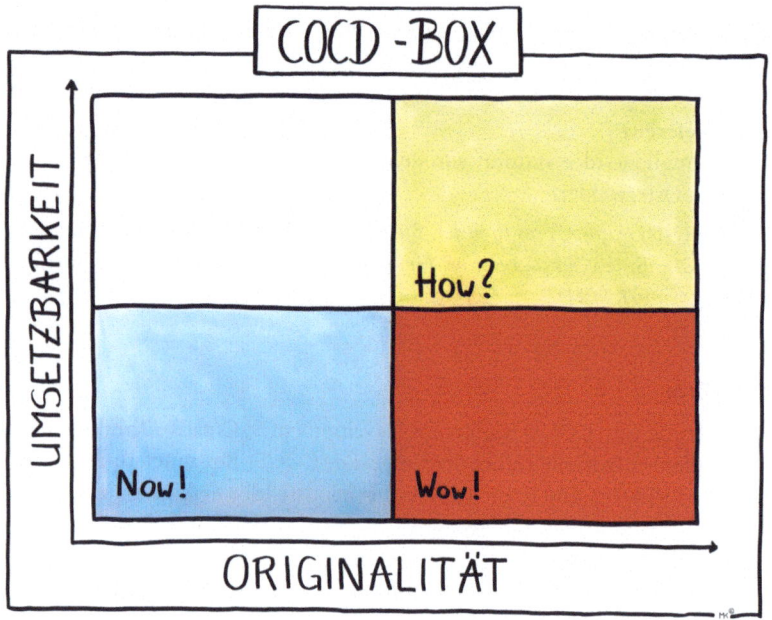

**Abb. 9.5** Skizze COCD-Box
Darstellung Marion Kenklies

**Erläuterungen zu den Feldern:**
**Blaue Ideen** – einfach umsetzbar und originell – NOW!
- einfach umzusetzen
- mit wenigen Risiken verbunden
- hohe Akzeptanz
- Beispiele verfügbar

## 9.4 Methodenbox

**Rote Ideen** – innovativ / hoch originell mit höchster Priorität – WOW! innovative Ideen
- Durchbruch
- Aufregende Ideen
- Umsetzung ist möglich

**Gelbe Ideen** – schwer umsetzbar aber hoch originell, daher eher Zukunftspotenzial – HOW?
- Ideen für die Zukunft
- Träume und Herausforderungen (Dreams & Challenges)
- Könnten die WOW!-Ideen von morgen sein

**Weiße Box** – alle Ideen, die zunächst keine Anwendung finden

**Hinweis:**
Die Box hat zwei Achsen – Originalität der Ideen und Umsetzbarkeit der Ideen.

**Schritt 1:** Ideen auf Karten schreiben und für alle sichtbar aushängen.

**Schritt 2:** Festgelegte Anzahl von weißen Klebepunkten an die Teilnehmer verteilen, jeder bepunktet seine Favoriten (kann zeitlich erfolgen).

**Schritt 3:** Ideen mit den meisten Punkten auswählen, vorher entscheiden, wie viele Ideen übrig bleiben sollen.

**Schritt 4:** Sieger-Ideen werden in die drei Felder (NOW! WOW! und HOW?) einsortiert (jede Idee wird diskutiert, die Gruppe trifft die Entscheidung gemeinsam).

**Schritt 5:** Diskutieren und entscheiden, ob alles so bleiben soll oder ob noch Änderungen vorgenommen werden sollen.

**Achtung:**
Beim Punkteverteilen darauf achten, dass jeder in der Gruppe eine eigene Entscheidung fällt und sich nicht dem Meinungsführer oder dem Vorgesetzten anschließt.

**Anschlussmethoden:** Clustern, Maßnahmenplanung, Pre-Mortem

**Varianten:**
Statt weißer Klebepunkte können auch Klebepunkte in den Farben der Boxen ausgegeben werden, dann ist nach dem Bepunkten schon klar, was in welches Feld gehört.

**Zusammenhang:** Priorisierung, Auswahl, Vergleich von Ideen

**Quelle / Referenz:**
Die Grundidee basiert auf der Idee von Mark Raison (1995) zur Ideenauswahl. Die Box ist eine Weiterentwicklung der klassischen Portfolio-Analyse, die zu den Standard Qualitätsmanagement-Methoden gehört.
Website COCD: *www.cocd.org*

## Aussage-Wunsch

Der Aussage-Wunsch ist ein Leitsatz, der die vermuteten Bedürfnisse von Hörern, Lesern, Usern und Zuschauern auf den Punkt bringt. Nutzen Sie den Aussage-Wunsch-Satz, um Reporter, Redakteure, Produktionsfirmen auf den Kern der Geschichte zu briefen. Der Aussage-Wunsch-Satz hilft dabei, während des Produktions- und Abnahmeprozesses die Perspektive der Nutzer konsequent im Blick zu halten.

**Das kann die Methode:**
- Dabei unterstützen, zielgruppenorientiert zu denken und zu produzieren.
- Dem Produzenten Sicherheit geben.
- Ein gemeinsames Verständnis für die Zielsetzung erlangen.

**Rahmen:** Konferenz, Auftragsvergabe, Besprechung

**Vorbereitungszeit:** keine

**Durchführungszeit:** 10 bis 20 Minuten

**Gruppengröße:** Einzelpersonen, Zweier-Teams, kleine Gruppen (bis ca. 6 Personen)

**Material:** Vorlage für Aussagewunschsatz

**So gehen Sie vor:**
Aussagewunsch formulieren anhand folgender Satzbausteine
**Die Leser / Zuhörer / Zuschauer / User sollen …**
Erläuterung: Der Adressat des Aussagewunsches ist immer das Publikum, nicht die Macherin oder der Macher. Dieser erste Teil des Satzes bleibt immer gleich.

## 9.4 Methodenbox

**... miterleben / erfahren / verstehen / kennenlernen ...**
Erläuterung: Das erste Verb (im Aktiv) gibt bereits einen wichtigen Hinweis auf die ART des Beitrags: Geht es um Information, Wissensvermittlung, Mitreisen, Beobachten ...? Ggf. können auch mehrere Aspekte relevant sein. Dann werden diese im Satz miteinander verbunden.

**... warum / dass / weshalb / ob / wie / wie viel ...**
Erläuterung: Das Bindewort zum Nebensatz spezifiziert die inhaltliche Ausrichtung. Es ist ein Unterschied, ob wir einen Sachverhalt („dass") umschreiben oder etwas herausfinden wollen („warum").

**... der Protagonist / die Gruppe / die Sache / die Zeit ...**
Erläuterung: Das Subjekt des Nebensatzes bezeichnet in der Regel den Handlungsträger oder die Heldin der Geschichte.

**... die Sache / das Ereignis / den Sachverhalt / Protagonist A ...**
Erläuterung: Das Objekt bezeichnet den Sachverhalt oder das Problem.

**... gerne / schwierig / stockend / entschieden / erfolgreich ...**
Erläuterung: Adverbien und Adjektive geben einen Hinweis auf die emotionale Richtung oder Wertigkeit der Geschichte.

**... handelt / lebt / sich entwickelt / Regie führt / weiterlebt ...**
Erläuterung: Das zweite Verb schließt den Satz ab und bezeichnet die Bewegung des Subjekts.

**... obwohl / trotzdem / auch wenn er ...**
Erläuterung: Lässt sich ein präzisierender / relativierender dritter Satzteil anfügen, kann dadurch schon die Fallhöhe / der Widerpart / der Konflikt sichtbar werden.

**Achtung:**
- Nicht alle Satzteile müssen formuliert werden. Wichtig ist, dass er aus Adressatensicht formuliert ist.
- Wenn sich während der Produktion herausstellt, dass angenommene Tatsachen oder Entwicklungen nicht, oder nur teilweise richtig sind, kann der Aussagewunsch entsprechend geändert werden.

**Anschlussmethoden:** Feedback

**Varianten:** siehe oben

**Zusammenhang:** Programmmanagement, Feedback, Auftragsvergabe

**Quelle / Referenz:**
*Peter Kerstan, Der journalistische Film. Jetzt aber richtig. Bildsprache und Gestaltung (Frankfurt/M.: Zweitausendeins, 2000)*
Tagungspräsentation aus 2012, in der der Aussagewunsch erläutert wird: *http://tagen.erzbistum-koeln.de/export/sites/tagen/ksi/.content/documentcenter/Dokumentationen/medientreff/Keynote_Medientreff_2012_Wyss.pdf*

## Flussdiagramm

Nutzen Sie Flussdiagramme, um den Ablauf von Arbeitsprozessen darzustellen und so verbindlich und verlässlich zu machen. Das Flussdiagramm funktioniert alleinstehend oder als Ergänzung zur Prozess-Canvas.

**Das kann die Methode:**
- Prozesse und Abläufe visualisieren.
- Die Erstellung von Flussdiagrammen zeigt oft schon Schwachstellen (wie beispielsweise nicht definierte Zuständigkeiten) oder Verbesserungsideen auf.

**Rahmen:** Vier-Augen-Gespräch, Klausur, Workshop, Tagung etc.

**Vorbereitungszeit:** keine

**Durchführungszeit:**
Die Erstellung des Flussdiagramms mit einer geeigneten Software geht schnell, die Erfassung des Prozesses kann länger dauern.

**Gruppengröße:** Einzelpersonen, Zweier-Teams, kleine Gruppen (bis ca. 6 Personen), mittlere Gruppen (bis ca. 20 Personen)

**Material:** Excel, Power-Point, Visio oder sonstige Softwareprogramme

## 9.4 Methodenbox

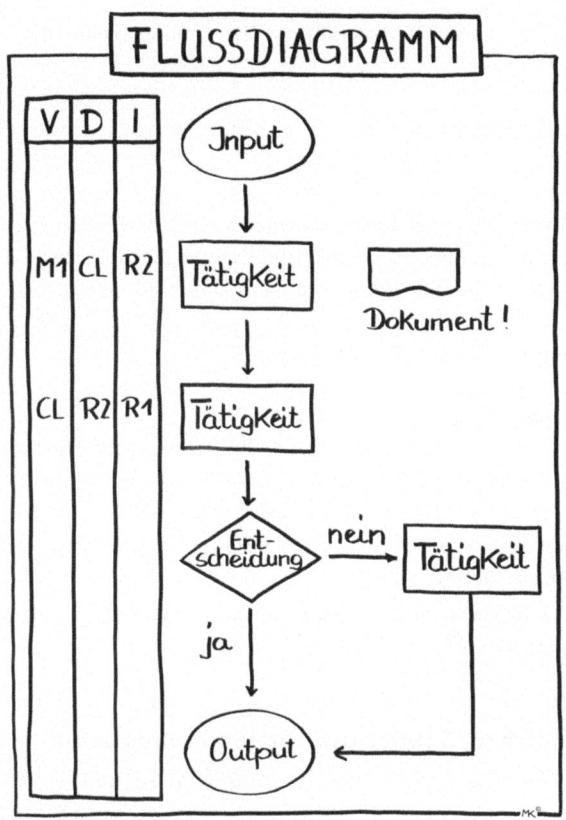

**Abb. 9.6** Symbole Fluss-Diagramm
Darstellung Marion Kenklies

**Das sollten Sie beachten:**

Die Managementwelt hat sich auf eine Zeichensprache für Flussdiagramme geeinigt. Eine Übersicht ist bei den Quellen verlinkt. Die gängigen Softwareprogramme nutzen diese Symbole.

Zusätzlich zu den Prozessschritten sollten unbedingt auch die für die Durchführung verantwortlichen Personen hinterlegt werden, sowie für die Durchführung erforderliche oder nützliche Dokumente.

**Achtung:**
Achten Sie darauf, dass das Flussdiagramm übersichtlich bleibt. Idealerweise passt es auf eine Seite.

**Anschlussmethoden:** internes Audit oder Beobachtung zur Überprüfung

**Varianten:**
Flussdiagramme können z. B. auch horizontal dargestellt werden. Sind in einzelnen Prozessen mehrere Gruppen / Teams, Abteilungen beteiligt, kann das Flussdiagramm in sog. Swimlanes (Schwimmbahnen) dargestellt werden.

**Zusammenhang:** Arbeitsorganisation

**Quelle / Referenz:**
Das Flussdiagramm als Methode zur Darstellung von Geschäftsprozessen stammt aus den 1920er Jahren und geht auf den amerikanischen Wirtschaftsingenieur Frank Gilbreth zurück. Die Vita von Frank Gilbreth ist sehr interessant. Er war eigentlich Maurer, dabei fiel ihm auf, dass unnötig Kraft vergeudet wird; seitdem ließ ihn die Suche nach der Optimierung von Arbeit nicht mehr los.
Hier gibt es ein sehr übersichtliches Programm zur Erstellung von Flussdiagrammen kostenlos: *www.logicnet.dk/DiagramDesigner*

## Der erste / nächste Schritt aus Getting Things Done

Komplexe und große Aufgaben machen manchmal Angst, weil es so scheint, als sei das alles gar nicht zu schaffen. Mit der Idee des ersten nächsten Schrittes behalten Sie den Überblick, weil das große Projekt in überschaubare Etappen zerlegt wird. Wichtig ist dann immer nur der nächste Schritt.

**Das kann die Methode:**
- Komplexität reduzieren.
- Auch bei komplexen Aufgaben sofort Handlungsfähigkeit herstellen.

**Rahmen:** Besprechungen, Konferenzen, Planungen etc.

**Vorbereitungszeit:** keine

**Durchführungszeit:** fünf Minuten

## 9.4 Methodenbox

**Gruppengröße:** Einzelpersonen, Zweier-Teams, kleine Gruppen (bis ca. 6 Personen), mittlere Gruppen (bis ca. 20 Personen), große Gruppen (ab ca. 20 Personen)

**Material:** Moderations- und Dokumentationsmaterial

**So gehen Sie vor:**
Immer wenn die Aufgabe noch unklar ist oder zu groß erscheint, stellen Sie sich die Frage: Was ist mit Stand jetzt der allererste nächste Schritt?

**Achtung:**
Manchmal ist es gar nicht so einfach, den ersten sinnvollen Schritt zu finden, weil man schon zu weit denkt oder der erste Schritt so banal klingt, dass man ihn gar nicht wahrnimmt.

**Anschlussmethoden:** je nach Stand der Entwicklung

**Varianten:** keine

**Zusammenhang:** Projektmanagement, Selbstmanagement, Arbeitsorganisation

**Quelle / Referenz:**
Getting Things Done ist eine Selbstmanagement-Methode. Die beiden wichtigsten Grundsätze sind: Sammle Tätigkeiten, die erledigt werden müssen, in einem logischen und vertrauenswürdigen System außerhalb deines Kopfes. Und: Entscheide diszipliniert über jeglichen Input, den du in dein Leben lässt, damit du immer weißt, was der nächste Schritt ist.
Wir haben nur eine winzig-kleine Idee aus diesem komplexen Gefüge vorgestellt.
*David Allen, Wie ich die Dinge geregelt kriege – Selbstmanagement für den Alltag (München: Piper-Verlag GmbH, überarbeitete Neuausgabe 2015)*
*https://gettingthingsdone.com/*

### Fehlersammelkarte

Wenn ein Fehler auftritt, ganz egal an welcher Stelle, ist das ärgerlich und manchmal einfach nicht zu verhindern. Wenn ein und derselbe Fehler jedoch häufig auftritt, sollten Sie sich damit beschäftigen. Eine einfache und zugleich sehr effektive Methode ist die Fehlersammelkarte.

**Das kann die Methode:**
- Überblick darüber verschaffen, wie oft welche Fehler auftreten.

**Rahmen:** tägliche Arbeit

**Vorbereitungszeit:** keine

**Durchführungszeit:** läuft nebenbei

**Gruppengröße:** Einzelpersonen, Zweier-Teams, kleine Gruppen (bis ca. 6 Personen), mittlere Gruppen (bis ca. 20 Personen), große Gruppen (ab ca. 20 Personen)

**Material:** Liste, ggf. schon mit Fehlerarten

**So gehen Sie vor:**
**Schritt 1:** Festlegen, wer die Liste(n) für welchen Bereich führen soll und wie lange.

**Schritt 2:** Auftretende Fehler sofort eintragen (bei mehrfachem Auftreten nur noch Striche machen).

**Schritt 3:** Nach Ablauf der vereinbarten Zeit auswerten.

**Achtung:**
Es geht bei dieser Methode nicht darum, Fehler zu protokollieren und Personen zuzuordnen, es geht ausschließlich um die Häufigkeit des Auftretens.

**Anschlussmethoden:** Diagramm, FMEA

**Varianten:** keine

**Zusammenhang:** Fehlermanagement, Verbesserungsmanagement, Arbeitsorganisation, Prozessmanagement

**Quelle / Referenz:**
Die Fehlersammelkarte gehört zu den 7 Qualitätswerkzeugen und geht auf den Japaner Kaoru Ishikawa zurück.

# Messen, nicht glauben 10

**Zusammenfassung**

Wie verschafft man sich effizient Informationen über die Zufriedenheit von Hörern, Lesern, Zuschauern und Usern? Warum reicht es nicht aus, sich nur mit den Ergebnissen der Arbeit zu beschäftigen? Wie baut man ein funktionierendes Controlling-System auf? Warum Controlling viel mehr als nur Kontrolle ist. Im Kapitel geht es um Messen, Analysieren, Bewerten und Controlling. Die Methodenbox liefert Hilfestellungen für die Umsetzung.

**Schlüsselwörter**

Controlling, Kontrolle, Bewerten, Bewertung, Audit, Managementbewertung, ROTI, 6-W-Situationsanalyse, Beobachtung, Portfolio-Analyse

## 10.1 Neulich beim Team-Meeting

Lena quetscht sich noch schnell rein. Jetzt sollten eigentlich alle da sein. Der Chef hatte kurzfristig geladen. In den Konferenzraum. Direkt neben ihm, wo sonst Paul sitzt, hat ein etwas übergewichtiger Mann im gespannten Sakko Platz genommen und sein Laptop aufgeklappt. Schade. Nichts Spektakuläres also, wie so manch einer gehofft hatte. Nur der nächste Programmberater. Aber warum muss zu solchen Gelegenheiten immer Paul seinen Stuhl räumen? Wer macht hier eigentlich wessen Job?

**Der Chef schaut in fahle Gesichter** und kann sich beim besten Willen nicht daran erinnern, diese Menschen je eingestellt zu haben. Oft denkt er morgens beim Bäcker, wie freundlich das Personal hinter dem Tresen doch ist. Und wie engagiert. Wie alle an einem Strang ziehen, eine gemeinsame Idee haben, wirklich Dienstleister zu sein. „Könnten die nicht in meinem Laden..." Aus welchem Grund sind also ausgerechnet seinen Leuten die Ideen, der Spaß und allem Anschein nach auch das Talent abhandengekommen? Vielleicht bringt ja der neue Berater etwas davon zurück. Noch hat der die Kollegen nicht auf seine Seite gebracht. Noch schauen sie skeptisch. Auch der arme Paul, der an der Fensterbank lehnt und unaufhörlich Büroklammern verbiegt.

**Kurz vor halb drei.** Keine halbe Stunde ist vergangen, und der Chef übt sich in seiner Führungsrolle, verkündet ein neues Credo. War der Zuschauer gestern noch ein scheues Reh, so braucht er ab sofort jede Menge Überraschungen. Und Lena denkt: „Sollten wir vielleicht mal sammeln? Für den Paul und seinen eigenen Stuhl?"

## 10.2 Die Perspektive der ISO auf das Thema Bewertung der Leistung

Redaktionen werten Quoten und Verkaufszahlen gerne als Gradmesser ihrer Leistung. Sind die Zahlen gut, freuen sich alle, liegen sich die Mitarbeiter in den Armen und skandieren: „Wir sind einfach die Besten!" Sind die Zahlen schlecht, herrscht allgemeine Ratlosigkeit und keiner weiß, was den Hörer, Leser, User oder Zuschauer jetzt wieder geritten hat. „Wir haben doch gar nix gemacht." Wenn eine Redaktion sich selbst und ihre Arbeitsprozesse regelmäßig überprüft, ist sie in der Lage, Fehlentwicklungen schnell zu erkennen und zu korrigieren. Die Basis dafür sind nicht Bauchgefühle nach dem Motto: „Vielleicht lag es am schlechten Empfang.", sondern Zahlen, Daten und Fakten. Deswegen heißt dieses Kapitel bei uns: Messen, nicht glauben!

- Das Sammeln von Daten ist schön. Aus gesammelten Daten Schlüsse zu ziehen, ist auch noch sinnvoll!
- Die richtigen Schlüsse zu ziehen, funktioniert nur mit guten Methoden und einer durchdachten Systematik.
- Effiziente Workflows entstehen nicht von alleine.
- Von oben betrachtet sieht man am besten, ob der Laden läuft.

## 10.2 Die Perspektive der ISO auf das Thema Bewertung der Leistung

Sicherlich sind Quoten, Verkaufszahlen und Klicks wichtige Indikatoren für den Erfolg eines Medienunternehmens und das, was am Ende womöglich Geld einbringt. Sie geben aber keinen Aufschluss über die kontinuierliche Leistung des Systems, keine Information darüber, ob und wie die Arbeit im Inneren funktioniert. Fallende Quoten, sinkende Aboverkäufe oder steigende Klickzahlen können allerdings ein Indikator dafür sein, wie gut die Arbeit organisiert ist und wie sehr die Mitarbeiter motiviert sind. Gehen die Zahlen in den Keller, ist häufig schon einige Monate vorher einiges schiefgelaufen, waren die Arbeitsabläufe nicht optimal.

**Was wann wie von wem gemessen und überwacht wird, schreibt die Norm nicht vor.** Jedes Unternehmen, jede Redaktion bestimmt selbst, welche Daten aus dem riesigen verfügbaren Strom von Informationen relevant sind. Hier ausschließlich auf Quantität zu setzen und den Mitarbeitern in regelmäßigen Abständen in einer Power-Point-Präsentation alles, was da ist, um die Ohren zu hauen, sorgt für Verwirrung, nicht für Erkenntnisse. Mitarbeiter wissen mit diesem Wust an Input nichts anzufangen oder jeder Einzelne zieht im schlimmsten Falle seine eigenen Schlüsse daraus. In der Folge wabern viele verschiedene Interpretationen durchs Großraumbüro, statt einer gemeinsamen Erkenntnis, die gemeinsames, ziel- und lösungsorientiertes Handeln ermöglicht.

**Bewerten, analysieren, entscheiden und umsetzen**: Die ISO regt an, mit diesen wertvollen Informationen sinnvoll zu arbeiten. Wenn es also nicht ausschließlich um das Ergebnis geht, was braucht es darüber hinaus? Die Antwort der ISO: die Betrachtung der eigenen Abläufe und der eigenen Arbeitsweise. Arbeiten wir eigentlich so, dass am Ende das rauskommt, was wir uns vorgenommen hatten? Wo stecken die Zeitfresser? Machen wir die richtigen Dinge? Und machen wir sie richtig? Ist das, was wir täglich tun, eigentlich tatsächlich wertschöpfend für das Unternehmen? Können wir etwas noch besser machen? Ist einer unserer Prozesse vielleicht sogar überflüssig geworden oder muss er angepasst werden? Je öfter ein Team sich gemeinsam mit diesen Fragen befasst, desto effizienter und zeitsparender kann es die Workflows nach und nach gestalten. Eine gewisse Regelmäßigkeit sorgt dafür, dass der Blick für Verbesserungspotenzial zur „guten Gewohnheit" in der gesamten Redaktion wird und Optimierung zunehmend Spaß macht – und Raum für noch mehr Spaß schafft.

**Interne Audits sind eine gute Methode, um sich mit solchen Fragen zu beschäftigen.** Interne Audits sind ein ISO-Instrument. Es sind im Prinzip Meetings zu einem bestimmten Thema mit einem vorher festgelegten Personenkreis innerhalb der Firma zu einer bestimmten Fragestellung. Audits haben entsprechend ein Ziel, ein

Erkenntnisinteresse. Ein Audit könnte beispielsweise in den Blick nehmen, ob der Laden in bestimmten Bereichen und/oder Prozessen so läuft wie vorgesehen oder ob es Bedarf für Veränderung und Verbesserung gibt (Beispiel für ein Auditziel: Wie effizient sind unsere Besprechungen?). Steht das Ziel fest, wird eine Methode gewählt: Interviews mit Mitarbeitern, Beobachtungen beim Tun, Workshops, Brainstorming etc. Alles ist gut, was zum Ziel führt.

**Audits sollten der Norm-Idee nach in „geplanten Abständen", also regelmäßig erfolgen.** Weil das mit der Regelmäßigkeit erfahrungsgemäß im Arbeitsalltag nach der anfänglichen Euphorie untergeht, empfiehlt es sich, ein oder mehrere von der ISO sogenannte „Auditprogramme" zu erarbeiten. Auditprogramme legen verbindlich fest, zu welchen Themen an welchen Terminen in welchen Abteilungen diese Meetings stattfinden sollen. Genauso wird in ihnen verbindlich vereinbart, wer verantwortlich ist für die Durchführung und wer daran teilnehmen soll. Die Herausforderung in der Redaktion besteht darin, diesen Audits genauso viel Bedeutung beizumessen wie den täglichen Redaktionskonferenzen, auch wenn am Ende nichts Verwertbares für die morgige Ausgabe der Zeitung dabei herauskommt. Wer bis jetzt aufmerksam gelesen hat, den wird es nicht überraschen, dass auch Audits sorgfältig geplant ablaufen sollten, um zu nützlichen Ergebnissen zu kommen.

**Audits sind sehr komplexe Gefüge.** Besonderes Augenmerk liegt im Normenverständnis dabei auf dem Menschen, der das Ganze durchführt. Ein Auditor ist nicht die Redaktionspolizei. Der Auditor braucht also Verantwortungsbewusstsein, Standing und die Kompetenz, ein solches Meeting zu leiten. Idealerweise ist er ein guter Moderator und hat ein paar Kreativ- und/oder Managementmethoden drauf. Er ist integer und objektiv. Es geht ihm nicht darum, Fehler zu finden, sondern Impulse für Verbesserung zu identifizieren. In der ISO-Welt sind Auditoren speziell dafür aus- und weitergebildete Mitarbeiter.

**Ergebnisse von Audits werden dokumentiert.** Zum einen, damit sich alle Teilnehmer über die Ergebnisse einig sind und keine unterschiedliche Wahrnehmung dazu haben. Zum anderen, damit die Ergebnisse verwertbar sind. Abgesehen von einer Haltung, die der Auditidee widerspricht, kann man nicht viel falsch machen. Die meisten Teams, die zum ersten Mal Audits durchführen, haben eher das Problem, mit den vielen wichtigen und guten Erkenntnissen angemessen umzugehen.

**Die Managementbewertung ist ein weiteres zentrales Instrument,** das in der Welt der ISO 9001 zwingend vorgesehen ist.

## 10.2 Die Perspektive der ISO auf das Thema Bewertung der Leistung

*„Wer weiß, was er übersehen darf, gewinnt an Weit- und Übersicht." (Ernst Ferstl).*

Um zu wissen, was er übersehen darf, nimmt der Chef aber erstmal alle Informationen, die er über die Performance seines Unternehmens bekommen kann, in den Blick (übrigens auch die Ergebnisse der internen Audits). Nur so kann er feststellen, ob der Laden auch so läuft wie vorgesehen. Weil Qualitätsmanagement Chefsache ist, liegt es dann in seiner Verantwortung, diese Daten zu nutzen, um von einer Meta-Ebene aus seine Redaktion zu begutachten. In der Sprache der Norm heißt das Managementbewertung und sollte idealerweise mindestens einmal im Jahr stattfinden. Der Chef kann sich bestimmte Bereiche rauspicken oder das ganze Unternehmen betrachten – je nachdem, mit welcher Fragestellung er an die Managementbewertung herangeht.

**Der Norm sind diese Fragen wichtig:** Waren im Beobachtungszeitraum ausreichend Ressourcen vorhanden? Gab es wichtige Veränderungen innerhalb des Unternehmens oder in seinem Umfeld? Wie hat sich die Kundenzufriedenheit entwickelt? In welchem Umfang sind die Ziele erreicht worden? Haben Verbesserungsmaßnahmen den gewünschten Effekt gehabt? Haben die Produkte den Anforderungen entsprochen? Da mit an Sicherheit grenzender Wahrscheinlichkeit nicht all diese Fragen mit „selbstverständlich", „hervorragend" und „absolut vollumfänglich" beantwortet werden können, endet eine Managementbewertung immer mit strategischen Entscheidungen und konkreten Planungen. Entscheidungen darüber beispielsweise, wie hoch der Bedarf an Ressourcen in Zukunft ist, ob es Änderungsbedarf im Unternehmen gibt und vor allem auch, welche Verbesserungsmöglichkeiten es gibt und welche davon umgesetzt werden sollen. Dreh- und Angelpunkt natürlich immer: die Umsetzung des Unternehmenszwecks und Erwartungen und Anforderungen der Kunden. Damit der Sender auch morgen noch .... Und so weiter.

**„Der Kunde" ist zunächst einmal ein sehr abstraktes Etwas.** Jeder in der Redaktion glaubt zu wissen, was der Kunde will und was er nicht will, womit man ihn überraschen kann oder was ihn nervt. Tatsächlich liegen diesen Einschätzungen sehr selten konkrete Informationen zugrunde. Die ISO regt daher an, sich nicht nur intuitiv und erfahrungsgesättigt mit dem Kunden zu beschäftigen, sondern sich auch hier Zahlen (quantitativ), Fakten und Informationen (qualitativ) zu verschaffen. Der Begriff dazu heißt: Messen! Dabei weist die ISO darauf hin, dass es so etwas wie Spätindikatoren gibt. Dazu gehören Quoten und Verkaufszahlen. Hier können Redaktionen am Ende der gesamten Anstrengungen sehen, ob sie gut gearbeitet haben. Wer ausschließlich auf Spätindikatoren aufbaut, um sein Unternehmen zu lenken, „hinkt" im Prinzip immer „hinterher". Daher bringt die ISO zusätzlich Frühindikatoren ins Spiel. Dazu gehören zum Beispiel die Betrachtung von absehbaren Veränderungen und Entwicklungen, zukünftige Bedarfe, aber auch die sehr subjektiv gefühlte „Zufriedenheit" von Hörern, Lesern, Usern oder Zuschauern. Aktuell gute Quoten oder gute Verkaufs- und Klickzahlen sagen nur bedingt etwas über die tatsächliche Zufriedenheit. Man kann das gut an sich selbst beobachten. Als Kunde bin ich erstmal eine ganze Weile verärgert, bevor ich dann meist sehr spontan entscheide, endgültig zu wechseln. Abozahlen und Quoten hinken der aktuellen Zufriedenheit folglich immer hinterher.

**Die Redaktion muss also einen zusätzlichen Weg finden,** die subjektiven Empfindungen der Kunden zu ermitteln. Dazu hilft aus Sicht der Norm nur eins: Kontakt! Idealerweise persönlich und natürlich methodisch unterfüttert. Im ISO-Universum werden dazu ganz unterschiedliche Instrumente vorgeschlagen: Kundenbefragungen, Auswerten von unaufgeforderten Rückmeldungen von Kunden, Treffen mit Kunden virtuell oder analog. Auf jeden Fall aber ist eins die Voraussetzung: offene Augen, offene Ohren für das, was Hörer, Zuschauer, User und Leser sagen, wenn man mit ihnen zusammentrifft oder wenn man sie am Telefon hat. Ebenso zentral ist auch die Bereitschaft, die eigene Arbeit vor dem Hintergrund der Kundenanforderungen regelmäßig zu bewerten und in Frage zu stellen. Das heißt nicht, dass jeder „Mecker-Anruf" in der Redaktion zu einer Änderung führen muss, aber man sollte überlegen, welchen Stellenwert ein solcher Anruf hat, wie viele andere einen ähnlichen oder einen ganz anderen Tenor hatten und ob nicht doch wichtige Informationen darin verborgen sind.

**Die Haltung der ISO dazu ist eindeutig**: Rückmeldungen der Kunden sind wertvolle Inputs und daher aufmerksam und wertschätzend zu behandeln. Um aus diesen subjektiven Empfindungen und Einzelimpulsen verwertbare Konsequenzen zu ziehen, braucht es – wie immer im ISO-Kontext – Regelmäßigkeit und Methode. Lob und Kritik zum Programm könnten zum Beispiel nach einem vorher festgelegten Verfahren behandelt, bewertet und archiviert werden.

▶ **Fazit:** Systematisches Messen zeigt frühzeitig Schwachstellen auf und hilft dabei, besser zu werden.

**Hand aufs Herz**

- Helfen Ihnen Ihre Statistiken dabei, Ihr Programm / Produkt weiterzuentwickeln?
- Welche Erkenntnis aus der Medienforschung hat zuletzt für Veränderungen im Programm / Produkt gesorgt?
- Ist „Dafür war keine Zeit" regelmäßig die Begründung dafür, vereinbarte Regelungen nicht einzuhalten oder wichtiges nicht zu tun?
- Haben Sie den Eindruck, dass effizienter gearbeitet werden könnte, wissen aber nicht wo oder wie?
- Wissen Sie, was Ihre Zuschauer, Hörer, User oder Leser an Ihrem Programm / Produkt begeistert und warum?

## 10.3 ISO-Häppchen im Wortlaut[7]

„Die Organisation muss bestimmen, was überwacht und gemessen werden muss, die Methoden zur Überwachung, Messung, Analyse und Bewertung, die benötigt werden, um gültige Ergebnisse sicherzustellen; wann die Überwachung und Messung durchzuführen sind; wann die Ergebnisse der Überwachung und Messung zu analysieren und zu bewerten sind."

„Die Organisation muss die Leistung […] bewerten. Die Organisation muss geeignete dokumentierte Informationen als Nachweis der Ergebnisse aufbewahren."

„Die Organisation muss die Wahrnehmungen des Kunden über den Erfüllungsgrad seiner Erfordernisse und Erwartungen überwachen."

„Die Organisation muss die entsprechenden Daten und Informationen, die sich aus der Überwachung und Messung ergeben, analysieren und bewerten."

„Die Organisation muss ein oder mehrere Auditprogramme planen, aufbauen und verwirklichen und aufrechterhalten, einschließlich der Häufigkeit von Audits, Methoden, Verantwortlichkeiten, Anforderungen an die Planung sowie Berichterstattung, welche die Bedeutung der betroffenen Prozesse, Änderungen mit Einfluss auf die Organisation und die Ergebnisse vorheriger Audits berücksichtigen müssen […]"

---

[7] Qualitätsmanagementsysteme – Anforderungen (ISO 9001:2015), Deutsche und Englische Fassung EN ISO 9001:2015, November 2015, Kapitel 9

## 10.4 Methodenbox

### ROTI

ROTI (Return on Time Invested) ist eine kurze, schnelle Methode für Ihr Feedback. Sie ist angelehnt an die Idee von ROI – Return on Investment.

**Das kann die Methode:**
- Feedback versachlichen.
- Feedback schnell und effizient machen.
- Feedback takten.

**Rahmen:** Konferenzen, Tagungen, Einzelgespräche, Seminare, Trainings, Besprechungen

**Vorbereitungszeit:** keine

**Durchführungszeit:** etwa fünf Minuten

**Gruppengröße:** Einzelpersonen, Zweier-Teams, kleine Gruppen (bis ca. 6 Personen), mittlere Gruppen (bis ca. 20 Personen), große Gruppen (ab ca. 20 Personen)

**Material:** Moderationsausstattung, ggf. ROTI-Vorlagen

**So gehen Sie vor:**
**Schritt 1:** Frage und Skala visualisieren.
Beispielfrage: Inwieweit hat sich die investierte Zeit bis jetzt für Dich gelohnt?
Beispielskala:
1 = es hat sich überhaupt nicht gelohnt, Zeitverschwendung
2 = es hat sich eher nicht gelohnt
3 = der Nutzen wiegt die Zeit auf
4 = es hat sich gelohnt
5 = es hat sich sehr gelohnt, gut investierte Zeit

**Schritt 2:** Zahl nacheinander nennen oder auf einem Blatt notieren und hochhalten. Der Besprechungsleiter macht Notizen oder ein Foto.

**Achtung:**
Negatives Feedback MUSS beim nächsten Meeting oder in der Vorbereitung zum nächsten Meeting bearbeitet werden!

## 10.4 Methodenbox

**Anschlussmethode:**
Bei negativem Feedback sollten Verbesserungsideen besprochen werden (spätestens beim nächsten Meeting).

**Varianten:**
Statt einer Zahlenskala können Sie mit Smileys, Symbolen oder Plus- und Minuszeichen arbeiten. Die Bewertung können Sie auch anonym auf vorbereiteten ROTI-Zetteln abgeben lassen. Bei Bedarf können Vorlagen für schnelle ROTIS erstellt werden (in Visiten- oder Karteikartengröße, ggf. laminiert für die Wiederverwertbarkeit). Sie können darum bitten, dass die Bewertung mit Klebepunkten ohne Erläuterung beim Verlassen des Raums erfolgt.

**Zusammenhang:** Feedback, Reflexion

**Quelle / Referenz:**
Die Methode kommt aus dem Scrum, dort wird sie für die regelmäßigen Retrospektiven eingesetzt.
*www.scrum-master.ch*

### 6-W-Analyse

Nutzen Sie die 6-W-Analyse (6 Fragen, die mit W beginnen), um einerseits Arbeitsbereiche zu analysieren und zudem Verbesserungspotenziale zu finden. Sie können sie auch zur Vorbereitung von Projekten, zur Überprüfung von Abläufen, zur Prozessdefinition etc. nutzen. Und etwas abgewandelt auch zur Ideenfindung.

**Das kann die Methode:**
- Komplexität reduzieren.
- Zusammenhänge deutlich machen.
- Pläne konkretisieren.
- Ideen finden.
- Aufgaben oder Probleme sachlich erfassen.
- Verschiedene Perspektiven auf ein Thema bieten.

**Rahmen:** Konferenzen, Tagungen, Teamgespräche, Einzelgespräche, Strategie- und Planungsgespräche, Mitarbeitergespräche

**Vorbereitungszeit:** keine

**Durchführungszeit:** zehn Minuten bis eine Stunde (je nach Anzahl der Beteiligten und Komplexität der Aufgabenstellung)

**Gruppengröße:** Einzelpersonen, Zweier-Teams, kleine Gruppen (bis ca. 6 Personen), mittlere Gruppen (bis ca. 20 Personen)

**Material:** Moderationsausstattung, ggf. auch digitale Variante

**So gehen Sie vor:**
**Schritt 1:** Thema definieren, zu dem eine 6-W-Analyse gemacht werden soll.

**Schritt 2:** Die 6 W-Fragen beantworten, Ergebnisse in geeigneter Art und Weise visualisieren (Klebezettel, etc.).
Die Fragen lauten beispielsweise:
- **Wer?** (Wer macht es? Wer macht es gerade? Wer sollte es machen? Wer kann es noch machen? Wer soll es noch machen? Wer ist an der Situation beteiligt?)
- **Was?** (Was ist zu tun? Was wird gerade getan? Was sollte getan werden? Was kann noch gemacht werden? Was soll noch gemacht werden?)
- **Wo?** (Wo soll es getan werden? Wo wird es getan? Wo kann es noch getan werden? Wo sollte es noch getan werden?)
- **Wann?** (Wann wird es gemacht? Wann wird es wirklich gemacht? Wann soll es gemacht werden? Wann kann es sonst gemacht werden? Wann soll es noch gemacht werden?)
- **Warum?** (Warum macht der Mitarbeiter es? Warum soll es gemacht werden? Warum soll es hier gemacht werden? Warum wird es zu diesem Zeitpunkt gemacht? Warum wird es so gemacht?)
- **Wie?** (Wie soll es laut Plan gemacht werden? Wie wird es wirklich gemacht?)

**Schritt 3:** Ergebnisse visualisieren.

**Achtung:**
Funktioniert besonders gut, wenn man den Spaß am Fragen ausleben kann.

Sie können gerne Fragen ergänzen oder weglassen, sodass es dann eine 7-W-, 8-W- oder auch nur eine 5-W-Analyse ist. Eignet sich im Übrigen auch sehr gut für die journalistische Arbeit.

**Anschlussmethoden:** Clustern, Priorisieren, Maßnahmen ableiten

## 10.4 Methodenbox

**Variante zur Vorbereitung eines Projektes oder Auftrags**
Warum ... sollen wir es machen?
Was ... soll erreicht werden?
Wie ... können wir die Ziele erreichen?
Wer ... arbeitet mit?
Wann ... wollen wir anfangen?
Wieviel ... und welche Ressourcen kostet es?

**Variante Problemlösung**
Wer ... ist von der Situation betroffen? Wer ist an der Situation beteiligt?
Was ... wissen wir über das Problem? Was wissen wir nicht? Was haben wir schon versucht, um das Problem zu lösen?
Wann ... hat das Problem angefangen? Wann möchten wir eine Lösung gefunden haben?
Wo ... tritt das Problem auf? Wo wurde das Problem unter Umständen schon einmal gelöst?
Warum ... ist das Problem wichtig? Warum tritt es auf? Warum haben wir das Problem bis jetzt noch nicht gelöst?
Wie ... könnte dieses Problem eine Chance sein? Wie wollen wir anfangen?

**Zusammenhang:** Projektmanagement, Fehlermanagement, Changemanagement, Entwicklung

**Quelle / Referenz:**
Gehört zu den Grundwerkzeugen im Kaizen (Qualitätstechnik)
*Masaaki Imai Kaizen, Der Schlüssel zum Erfolg der Japaner im Wettbewerb. (Ullstein, Berlin: Ullstein-Sachbuch Management, 7. Auflage. 1996)*

### Internes Audit

Sie können interne Audits nutzen, um qualitative Informationen zu erhalten, ob Ihr Unternehmen funktioniert. Beispielsweise dazu, ob Ihre Abläufe noch sinnvoll sind und den Mitarbeitern alles zur Verfügung steht, was sie brauchen, um gut zu arbeiten. Die Ergebnisse helfen Ihnen dabei, kontinuierlich besser zu werden.

**Das kann die Methode:**
- Verbesserungsmöglichkeiten deutlich machen.
- Ermöglichen, dass verschiedene Bereiche voneinander lernen.
- Dafür sorgen, dass im Alltag keine Vereinbarungen in Vergessenheit geraten.
- Gut funktionierende Abläufe sichern.
- Dabei helfen, den Überblick zu behalten.

**Rahmen:**
Das interne Audit ist der Rahmen. Im internen Audit werden verschiedene Methoden genutzt.

**Vorbereitungszeit:**
Audits müssen gut vorbereitet werden. Das dauert im Zweifel auch mal mehrere Stunden bis mehrere Tage.

**Durchführungszeit:**
Je nach Fragestellung und Anzahl der beteiligten Bereiche oder Mitarbeiter von ca. zwei Stunden bis mehrere Tage

**Nachbereitungszeit (Bericht und Nachgespräche):** ca. zwei Stunden bis zu einem Tag

**Gruppengröße:** 1 bis 2 Personen als durchführende Auditoren, so viele sonstige Menschen, wie für die Beantwortung der Fragen erforderlich

**Material:** je nach Methode Checklisten, Fragelisten, ggf. Moderationsausstattung

**So gehen Sie vor:**
Ein Audit hat immer drei Phasen, nämlich die Vorbereitung, die Durchführung und die Nachbereitung.

**Phase 1 Audits vorbereiten**

**Schritt 1:** Auditziel festlegen – Auf welche Frage(n) möchten Sie eine Antwort haben? (Sind unsere Abläufe und Strukturen so, dass sichergestellt ist, dass nur fehlerfreie Beiträge rausgehen?)

**Schritt 2:** Auditmethode festlegen – Wie können wir sinnvoll Antworten auf die Frage erhalten? (Beispiele für Methoden sind Beobachtung der Abläufe, Interview mit den Beteiligten, Workshop etc.)

**Schritt 3:** Auditbeteiligte festlegen – Wer muss dabei sein?

## 10.4 Methodenbox

**Schritt 4:** Auditverantwortlichen festlegen – Wer bringt die entsprechenden Fähigkeiten mit, um das Audit durchzuführen?
**Schritt 5:** Ort, Zeit und erforderliches Material festlegen.
**Schritt 6:** Hilfsmittel fürs Audit vorbereiten (Checklisten, Fragelisten, Bobachtungsleitfäden).
**Schritt 7:** Beteiligte informieren oder einladen.

**Phase 2 Audits durchführen**
**Mögliche Methoden:**
Beobachtung (siehe unten) – Auditor beobachtet anhand eines Leitfadens die Abläufe und dokumentiert, was er sieht.

Interview – Auditor spricht mit den für die Fragestellung relevanten Personen (anhand eines Fragenkatalogs) und dokumentiert, was er hört.

Workshop – Auditor nutzt Moderationsmethoden, um Antworten auf die Fragestellungen zu finden (Beispiele sind World Café, Brainwriting, Storytelling, Barcamp etc.).

**Phase 3 Audits nachbereiten**
**Schritt 1:** Ergebnisse gut nachvollziehbar strukturieren und visualisieren (Auditor oder Auditteam).
**Schritt 2:** Ergebnisse mit den jeweiligen Vorgesetzten / idealerweise auch mit den Beteiligten rückkoppeln.
**Schritt 3:** Entscheiden, was zu tun ist.

**Achtung:**
Audits bringen gute Ergebnisse, wenn sie gut vorbereitet sind, die Fragestellung eindeutig ist und die Auditoren ergebnisoffen an das Ganze herangehen. Die Auswahl der Auditoren ist deswegen extrem wichtig. Auditoren dürfen nicht unmittelbar beteiligt oder verantwortlich sein für das, was sie auditieren.

**Anschlussmethoden:** je nach Ergebnis Maßnahmenplan, Projektplanung etc.

**Varianten:** siehe Methoden

**Zusammenhang:** Verbesserungsmanagement, Controlling, Projektmanagement, Changemanagement, Entwicklung, Arbeitsorganisation

**Quelle / Referenz:**
Audits sind wie die Managementbewertung direkt in den Normen geregelt und beschrieben. Für interne Audits gibt es eine eigene Norm.
*DIN (Deutsches Institut für Normung e. V.) DIN EN ISO 19011:2011 – Leitfaden zur Auditierung von Managementsystemen (Berlin: Beuth Verlag GmbH, 2011)*

## Beobachtung

Beobachtung als Methode liefert Ihnen Daten und Fakten zu bestimmten Fragestellungen. Das können Arbeitsabläufe sein (siehe internes Audit), aber auch Zielgruppenverhalten. Zusammen mit anderen Daten aus der qualitativen Medienforschung helfen sie, die Kunden und ihre Erwartungen besser zu verstehen.

**Das kann die Methode:**
- Bauchgefühl versachlichen.
- Informationen aus erster Hand liefern.
- Bringt Aspekte zutage, die man vorher nicht auf dem Schirm hatte.

**Rahmen:** Internes Audit, Workshops, Arbeitsplatz etc.

**Vorbereitungszeit zur Erstellung von Leitfäden oder Fragenkatalogen und für Organisation:** je nach Fragestellung ca. 30 Minuten bis mehrere Stunden

**Durchführungszeit:** je nach Fragestellung 30 Minuten bis mehrere Stunden (ggf. Wiederholungen)

**Gruppengröße:** mind. 1 Beobachter, relevante (zu beobachtende) Personen
Ein „Beobachtungsleitfaden" hilft, konkrete Fragestellungen, Ziele und Vorgehensweisen bei der Beobachtung von Nutzer / Kundengruppen festzulegen.

**Material:** Fragelisten, ggf. Technik für Video und Audio, bei Workshop Moderationsausstattung je nach Methode

**So gehen Sie vor:**
**Schritt 1:** Ziel festlegen – Was wollen Sie herausfinden?
**Schritt 2:** Beobachtungsgegenstand und Beobachtungsrahmen festlegen – Wen oder was wollen Sie wo / bei was/ in welcher Form beobachten?
**Schritt 3:** Beobachtungsleitfaden erstellen – Auf welche Punkte wollen Sie achten?

## 10.4 Methodenbox

**Schritt 4:** Beobachtung durchführen – Strikt beim Leitfaden oder dem Fragenkatalog bleiben.
**Schritt 5:** Beobachtungen auswerten.

**Achtung:**
Es gibt verschiedene Rollen, die der Beobachter einnehmen kann, und die haben Auswirkungen auf die Ergebnisse. Deshalb ist es gut, sich zu überlegen, wie Sie beobachten möchten. Sind Sie Teil des Settings? Sind Sie für die Beobachteten sichtbar aber unbeteiligt? Sind Sie für die Beobachteten nicht sichtbar?

**Anschlussmethoden:** je nach Ergebnis Projektplanung, Maßnahmenplan etc.

**Varianten:**
- Teilnehmende / Nicht teilnehmende Beobachtung
- Offene / verdeckte Beobachtung
- Systematische / Zufällige Beobachtung

**Quelle / Referenz:**
Beobachtung als Methode wird vor allem in den Sozialwissenschaften genutzt, beispielsweise der Ethnologie, der Psychologie, aber auch der Kommunikations- und Medienwissenschaft.

*Volker Gehrau, Die Beobachtung als Methode in der Kommunikations- und Medienwissenschaft (Konstanz und München: UVK Verlagsgesellschaft mbH, 2. Auflage 2017)*
Eine übersichtliche Zusammenfassung findet sich hier: *https://studi-lektor.de/tipps/qualitative-forschung/methode-der-beobachtung.html*

### Portfolio-Analyse

Die Portfolio-Analyse können Sie für Ihre strategische Unternehmensführung nutzen. Indem Sie Produkte oder Dienstleistungen über ein Portfolio kategorisieren, können Sie Strategien ableiten.

**Das kann die Methode:**
- Entscheidungen ermöglichen für oder gegen Projekte / Ideen / Produkte.
- Einen aktuellen Ist-Zustand ermitteln.
- Darstellen, in welchem Verhältnis Nutzen und Aufwand in einzelnen Geschäftsbereichen stehen.

**Rahmen:** Besprechungen, Workshops, Klausuren

**Vorbereitungszeit für Datensammlung:** je nach Menge und Fragestellung

**Durchführungszeit:** je nach Datenvolumen und Anzahl der Geschäftsbereiche

**Gruppengröße:** Einzelpersonen, Zweier-Teams, kleine Gruppen (bis ca. 6 Personen), mittlere Gruppen (bis ca. 20 Personen)

**Material:** Moderationsausstattung, Software zur Erstellung von Portfolios – zum Beispiel EXCEL

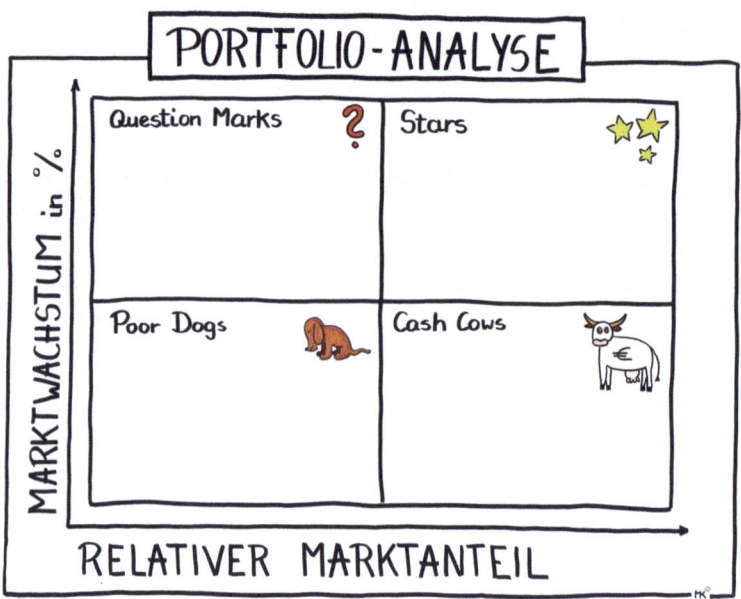

**Abb. 10.1** Beispiel Portfolio-Analyse
Darstellung Marion Kenklies

## 10.4 Methodenbox

**Erläuterung zu den Feldern:**

Poor Dogs = geringer Marktanteil, geringes Wachstum. Produkte, die in dieses Feld kategorisiert werden, bringen nicht viel, kosten aber auch nicht viel. Manchmal sind es Produkte, die einfach auslaufen. Was macht man damit? Beobachten, ob sie weiter vorteilhaft sind, eingreifen, wenn die Investitionen keinen entsprechenden Rücklauf mehr bringen.

Cash-Cows = Hoher Marktanteil, geringes Wachstum. Produkte, die gut etabliert sind und bei den Kunden gut ankommen. Hier wird Geld verdient. Was macht man damit? Beobachten, ob die Produkte nach wie vor gesund bleiben, den Wettbewerb im Blick behalten, ob sich da was tut. Große Investitionen lohnen sich wegen der geringen Wachstumsmöglichkeiten nicht.

Stars = Hoher Marktanteil, hohes Marktwachstum. Das will jeder haben. Was macht man damit? Investieren, um die Marktanteile auszuschöpfen, dafür sorgen, die Gewinnmarge zu optimieren.

Question Marks = Geringer Marktanteil, hohes Marktwachstum. Hier wird noch nicht viel verdient, weil der Markt zu klein ist, aber es gibt viel Entwicklungspotenzial. Das sind oft die neuen, innovativen Produkte. Was macht man damit? Prüfen, ob sich die Investitionen perspektivisch lohnen, dann pushen. Wenn nicht: einstellen.

Ein typisches Produkt durchläuft idealtypisch die Zyklen in folgender Reihenfolge: Question Mark, Star, Cash-Cow und Poor Dog.

Typische strategische Fehler:
- Poor Dogs werden zu lange gehalten, sodass Ressourcen verschwendet werden.
- Question Marks nicht strategisch entwickelt, sodass Potenziale übersehen werden.
- Cashcows zu wenig überwacht, sodass der Absprung verpasst wird.

**So gehen Sie vor:**

**Schritt 1:** Festlegen, welche Produkte, welche Dienstleistungen, welche Bereiche in den Blick genommen werden sollen.

**Schritt 2:** Daten für die Produkte, Dienstleistungen, Bereiche ermitteln.
- Marktwachstum
- eigener Marktanteil
- Marktanteil des stärksten Konkurrenten
- eigener Umsatz

Aus dem eigenen Marktanteil und dem der Konkurrenz wird ein relativer Marktanteil ermittelt.

**Schritt 3:** Grafik erstellen. Geht in Excel als Blasendiagramm. Dazu in die X-Achse den relativen Marktanteil packen, auf die Y-Achse das Marktwachstum. Die

Vier-Felder-Matrix kann dann darübergelegt werden. Anleitungen dazu finden sich reichlich im Internet.

Alternativ auf Moderationspapier aufzeichnen und per Hand übertragen.

**Schritt 4:** Ergebnisse bewerten und Erkenntnisse ableiten.

- Welchen Wert haben die jeweiligen Geschäftsbereiche?
- Lohnt es sich noch, die Poor Dogs weiter zu halten? Kann man sie überarbeiten und neu anbieten?
- Was sieht in den Question Marks vielversprechend aus? Was wollen wir nach vorne bringen?
- Mit welchen Maßnahmen kann man Stars noch weiter fördern und Cashcows langfristig unterstützen?

**Achtung:**
Die Portfolio-Darstellung vereinfacht in ihrer Idee sehr stark, weil nicht alle Faktoren einbezogen werden. Sie dient daher tatsächlich immer nur einer ersten Annäherung.

Um Entwicklungen abbilden zu können, sollten Sie die Analyse in regelmäßigen Abständen wiederholen.

**Anschlussmethoden:** Projektplanung, Maßnahmen ableiten, Handlungspläne erstellen

**Varianten:**
Die Idee der Vier-Felder-Matrix können Sie zum Beispiel auch auf Prozesse in der Redaktion übertragen. Damit können Sie prüfen, welche Prozesse mit welchem Aufwand welchen Nutzen produzieren.

Stiller Unterstützer = Relevanz gering, Aufwand gering. Was ist zu tun? Beobachten, ob sich der Aufwand erhöht, dann zurückfahren.

Verschwender = Relevanz gering, Aufwand hoch. Was ist zu tun? Prozess prüfen und anpassen, um Verschwendung zu minimieren. Hier stecken Zeit- und Energieressourcen, die anderweitig besser genutzt werden könnten.

Leistungsträger = Relevanz hoch, Aufwand gering. Was ist zu tun? Beobachten und ggf. nachjustieren, damit das so bleibt.

Diva = Relevanz hoch, Aufwand hoch. Was ist zu tun? Regelmäßig prüfen, ob man den Aufwand minimieren kann.

**Zusammenhang:** Strategieplanung, Entwicklung, Projektmanagement

## 10.4 Methodenbox

**Quelle / Referenz:**
Die Portfolio-Analyse ist seit den 1970er Jahren unter mehreren Begriffen bekannt: BCG-Analyse nach den Erfindern der Methode, der Boston Consulting Group. Daher wird sie auch manchmal als Boston-Matrix bezeichnet. Manchmal läuft sie auch unter Vier-Felder-Matrix. Sie geht auf Harry Markowitz zurück, der die Analyse zur optimalen Zusammensetzung von Wertpapieren entwickelte.

*Harry Markowitz, Portfolio selection: Efficient diversifications of investment (New York: 1959)*

*Bolko von Oetinger, (Hg)), Das Boston Consulting Group Strategie-Buch – Die wichtigsten Management-Konzepte (Düsseldorf: Econ, 6. Aufl. 1998)*

**Weiterführende Links**
Sehr gute Erläuterung und eine kostenlose Vorlage unter *https://projekte-leicht-gemacht.de/blog/pm-methoden-erklaert/portfolioanalyse/*

Gute Erläuterung und Darstellung der Vor- und Nachteile und ebenfalls eine kostenlose Vorlage: *http://www.manager-wiki.com/strategieentwicklung/48-bcg-matrix*

# Aus Fehlern und Erfolgen lernen 11

### Zusammenfassung

Wie setzt man Verbesserungen und Entwicklung um? Warum ist Verbesserung keine einmalige Aktion? Wie generiert man Impulse und Ideen für Verbesserung und Entwicklung? Wie schafft man es, Fehler als Chance zu begreifen? Im Kapitel geht es um die Themen Fehler- und Verbesserungsmanagement und Entwicklung. Die Methodenbox liefert Handwerkszeug für die Umsetzung.

### Schlüsselwörter

Fehler, Korrekturen, Verbesserung, Verbesserungsmanagement, Entwicklung, PDCA, Ursache-Wirkungs-Diagramm, FMEA, Keep-Drop-Try

## 11.1 Neulich bei der Kreativklausur / Strategie- und Entwicklungsklausur

„Na, Steffi, wie waren wir?" Carsten kommt in den rotblauen Bowlingschuhen schon ein wenig angeglüht daher. Die silberweißen Resthaare stehen auf der roten Glatze Spalier. In der linken Hand das schwitznasse Einstecktuch, rechts das schaumlose Bier. „Das war doch ein richtig erfolgreicher Tag, oder? Ich habe bestimmt zehn Jahre nicht mehr gekegelt. Puh."

**Carsten hatte sein Team zum ersten Mal zu einer Kreativklausur in das trendige Paradiso Resort Hotel eingeladen.** Wachteln mit Halloumi-Käse und vegane Antipasti mit Kritharaki-Nudeln. Vieles mehr. Großartig. Das Thema der Klausur: Fehler als Chancen begreifen. Das hatte Carsten neulich im Seminar für Führungskräfte so gelernt und gleich angewandt. „Lasst uns heute mal so richtig verrückt sein", hatte er in seiner Begrüßung am Morgen formuliert. *Alles ist erlaubt* hatte er Steffi kurz vor Beginn auf das Flipchart in Schönschrift schreiben lassen.

Die Ideen sprudelten nur so tagsüber im Konferenzraum „Future". Schon ab morgen oder zumindest sehr schnell würde man damit ganz anders durchstarten. Man muss sich nur trauen, jeden Gedanken, und sei er auch noch so abstrus, zulassen, dozierte Carsten. „Ja, Chef, da sind heute ganz schön viele Ideen zusammengekommen. Die sollten wir schnell sortieren und dann ans Organisieren gehen", ruft Steffi ihm entgegen, druckvoll, um sich akustisch auf der Bowlingbahn durchzusetzen.

Carsten legt seinen Kopf eine Idee zur Seite, grinst, als sei er verzückt, prostet seiner Assistentin mit erhobenem Glas zu und ruft zurück: „Da haben Sie recht, Steffi. Das sollten wir uns unbedingt noch mal angucken. Aber jetzt müssen wir erstmal unser Tagesgeschäft stemmen. Und dann kommt die Urlaubszeit."

## 11.2 Die Perspektive der ISO auf die Idee der kontinuierlichen Verbesserung

Sich immer weiter zu verbessern, ist das Ziel eines Qualitätsmanagementsystems und die einzige Überlebensstrategie aller Medienunternehmen. Wer nicht permanent nach Verbesserung sucht und diese auch umsetzt, kann irgendwann seine Produkte in dem ständig größer und schneller werdenden Markt nicht mehr absetzen.

**Die ISO lenkt die Aufmerksamkeit also hier auf das Thema Verbesserung**, deswegen heißt dieses Kapitel bei uns: Aus Fehlern und Erfolgen lernen!

- Verbesserung ist ein ständiger Prozess, keine einmalige Aktion.
- „Versendet sich" ist der Tod kontinuierlicher Verbesserung.
- Fehler wollen konstruktiv behandelt werden.
- Die systematische Beschäftigung mit Verbesserung ist idealerweise Teil der Unternehmensphilosophie.

**Hörer, Leser, User und Zuschauer haben eine so große Auswahl wie noch nie** und können ihre Bedürfnisse extrem schnell anderswo befriedigen, wenn das „alte" Produkt dieses nicht mehr vermag. Die Grundphilosophie der Norm ISO 9001:2015

## 11.2 Die Perspektive der ISO auf kontinuierliche Verbesserung 137

heißt PDCA und sollte das Grundgesetz in jeder Redaktion werden. PDCA ist die Abkürzung für die englischen Begriffe „Plan" – „Do" – „Check" – „Act" und beschreibt einen ständigen Kreislauf des Verbesserns. Egal in welchem Bereich des Unternehmens: Man plant etwas, setzt es um, kontrolliert, ob es gut oder schlecht funktioniert, und erkennt dadurch Chancen für Verbesserungen. Und dann geht es wieder von vorne los. Man plant neue Maßnahmen zur Verbesserung, setzt sie um, kontrolliert, ob es gut oder schlecht funktioniert, und entdeckt weiteres Optimierungspotenzial. Wenn dieser Kreislauf in allen Prozessen, im gesamten Unternehmen und auch im Denken aller Mitarbeiter verankert ist, weckt das riesige Potenziale und macht Lust und Laune aufs Besser-Werden.

**Ein Lieblingsprodukt, das immer noch besser wird, macht Kunden glücklich und zufrieden.** Das gilt auch für Medien. Ein Programm, das den Zuschauer heute noch deutlicher als gestern spüren lässt, dass die Macher wissen, was ihn bewegt, ein Artikel, der heute noch verständlicher geschrieben ist als gestern, ein Video, das heute noch emotionaler vertont ist als gestern – all das sorgt dafür, dass Kunden sich wiederfinden, verstanden und gesehen fühlen und so eine langfristige und belastbare Bindung an den Sender oder die Zeitung aufbauen.

**Verbesserungsaktivitäten in der Medienbranche** haben demnach am Ende immer das große Ziel, das Programm, das Online-Angebot oder das Blatt nach den Anforderungen und Erwartungen (das, was ihnen selbst bekannt ist) aber auch der Bedarfe (das, was ihnen selbst nicht immer klar ist) der Kunden zu optimieren. Es geht nicht um ein reines Wunschkonzert, sondern um gut überlegte, strategische Planung, die auch die Interessen und Bedarfe der Stakeholder mit einbezieht. Die Norm denkt dabei weit voraus und ermuntert dazu, auch schon in die Zukunft zu denken, Trends und Entwicklungen aufzunehmen, zu verarbeiten und als Chance zur Verbesserung zu begreifen. Heute schon wissen, welche Bedarfe und Bedürfnisse Zielgruppen morgen haben könnten, bedeutet, nah dran zu sein an Entwicklungen, den Zielgruppen und der Welt. Im immer hektischer werdenden Redaktionsalltag nicht ganz einfach, aber lohnend.

**Verbesserung bedeutet aber auch aus Erfahrungen, Erfolgen und Fehlern lernen.** Und hier kommt wieder der PDCA-Zyklus ins Spiel. Ist der PDCA-Zyklus als Mind-Set verinnerlicht (planen, wie geplant umsetzen, prüfen, ob wie geplant umgesetzt wurde, lernen und verbessern), kann er in der gesamten Redaktion zur guten Gewohnheit werden und wird automatisch bei allen Prozessen, Entscheidungen und neuen Entwicklungen mitgedacht. Wenn etwas sehr gut läuft, folgt sofort die Überlegung, ob sich das Erfolgsgeheimnis vielleicht auf andere Bereiche übertragen lässt. Das ganze kostet im Alltag nicht viel Zeit, es braucht lediglich den jeweils bewusst gesetzten Break:

- Nicht sofort loslaufen: Planen.
- Nicht aufhören, wenn etwas fertig ist: Bewerten.
- Nicht in der Bewertung hängen bleiben: Lernen.
- Oder auch: Mind the GAPZ! Dabei können Verbesserungen kleine Stellschrauben sein, an denen gedreht wird, oder aber die ganz große Innovation, der Relaunch oder ein völlig neues Produkt.

**Aber auch Fehler können zu Verbesserungen führen, wenn wir Fehler als Chance begreifen.** Der ehemalige indische Präsident A.P.J. Abdul Kalam hat das sehr schön beschrieben: „If you fail, never give up, because F.A.I.L. means First Attempt In Learning." Da Kalam nicht nur Politiker war, sondern auch Rakeningenieur, können wir davon ausgehen, dass er das nicht nur auf einer persönlichen Bewusstseinsebene so gesehen hat, sondern auch ganz praktisch bei der Arbeit im Unternehmen. Im ISO-Verständnis sind Fehler kein Grund aufzugeben, sondern sie sind der erste Schritt zu einem Lernprozess.

**Damit das funktioniert, braucht es ein fehlerfreundliches Umfeld.** Achtung: Es geht hier nicht darum, absichtlich Fehler zu machen. Natürlich setzt die verantwortungsbewusste Redaktion alles daran, keinen Fehler zu machen. Aber – wo gehobelt wird, da fallen Späne – wo Menschen arbeiten, passieren Fehler. Gute Controlling-Systeme stellen entsprechend sicher, dass Fehler möglichst gefunden werden, bevor Hörer, Zuschauer, Leser oder User sie finden (Abnahmen, Vier-Augen-Prinzip etc.). So kann man Fehler beseitigen. Die ISO unterscheidet übrigens nicht zwischen kleinen und großen Fehlern. Fehler ist Fehler. Und auch kleine Fehler können, wenn sie sich wiederholen oder wenn sie sich verstärken, sehr unangenehme Auswirkungen haben. „Versendet sich" ist in manchen Redaktionen ein beliebter Spruch, um sich gegenseitig zu beruhigen und zu versichern, dass es so schlimm ja auch nicht war. „Versendet sich" macht den Fehler schnell vergessen. Im ISO-Kontext ein No-Go. Denn – siehe oben: Fehler sind die Chance, etwas zu lernen. Was braucht man dazu? Eine Haltung bei allen Beteiligten, die nicht Schuldige sucht, sondern Ursachen. Dazu ist eine Änderung im Wording oft der erste Schritt. Nicht: XY hat einen Fehler gemacht. Sondern: Ein Fehler ist aufgetreten. Die Folgefrage ist dann entsprechend auch nicht: Wer war das? Sondern: Was hat dazu geführt? Der Rest ist Handwerk.

## 11.2 Die Perspektive der ISO auf kontinuierliche Verbesserung

**Die Fehleranalyse ist dabei der erste Schritt:** Was genau ist eigentlich passiert? Wie waren die Umstände? Wer ist betroffen? Wie schlimm sind die Auswirkungen und wie groß ist die Wahrscheinlichkeit, dass der Fehler wieder auftritt? Ist es möglich, dass er an anderer Stelle auch auftritt? All das trägt zur Objektivierung und Versachlichung bei und ermöglicht konstruktive Entscheidungen. Und vielleicht ist die Lösung dann nicht, die Produktionsfirma zu wechseln, die „es verbockt" hat, oder den Mitarbeiter zu entlassen, der es „einfach nicht kann", sondern die Art und Weise der Auftragserteilung zu verändern.

Wenn die Redaktion aus Fehlern lernt und von der ISO sogenannte Korrekturen oder Verbesserungsmaßnahmen umsetzt, dann kommt auch hier wieder der PDCA-Zyklus ins Spiel (CHECK). Verbesserungsmaßnahmen werden daraufhin überprüft, ob sie gegriffen haben und langfristig wirken. Vielleicht hat man ja im ersten Versuch noch nicht die richtige Ursache erwischt und der Fehler passiert erneut. Und selbst wenn die Maßnahmen gegriffen haben, lohnt es sich, einen letzten Blick darauf zu werfen und zu prüfen, ob die Verbesserungsideen auf andere Teile des Unternehmens übertragbar sind. Die ISO nennt es Vorbeugung und plädiert dafür, eben nicht darauf zu warten, dass jede Abteilung ihre eigenen Fehler macht.

Und wenn die Redaktion nicht gestorben ist, dann lebt die ständige Verbesserung immer weiter.

▶ **Fazit:** Ständige Verbesserung macht erfolgreich (und Spaß).

> **Hand aufs Herz**
> - Wie würden Sie die Fehlerkultur in Ihrer Redaktion beschreiben?
> - Analysieren Sie Fehlerursachen oder suchen Sie Schuldige?
> - Wie häufig schaffen Sie es, aus Fehlern zu lernen?
> - Wie fördern Sie aktiv Verbesserungsvorschläge von Mitarbeitern?
> - Wissen Ihre Mitarbeiter wer Ansprechpartner für gute Ideen ist?
> - Was haben Ihre Mitarbeiter davon, wenn sie sich für Innovation und Verbesserung engagieren?

## 11.3 ISO-Häppchen im Wortlaut[8]

„Die Organisation muss Chancen zur Verbesserung bestimmen und auswählen und jegliche notwendigen Maßnahmen einleiten, um die Anforderungen der Kunden zu erfüllen und die Kundenzufriedenheit zu erhöhen. Diese müssen Folgendes umfassen:
- die Verbesserung von Produkten und Dienstleistungen, um Anforderungen zu erfüllen und um zukünftige Erfordernisse und Erwartungen zu berücksichtigen;
- Korrigieren, Verhindern oder Verringern von unerwünschten Auswirkungen;
- die Verbesserung der Leistung [...]."

„Wenn eine Nichtkonformität auftritt, [...] muss die Organisation darauf reagieren und, falls zutreffend, 1) Maßnahmen zur Überwachung und zur Korrektur ergreifen; 2) mit den Folgen umgehen; die Notwendigkeit von Maßnahmen zur Beseitigung der Ursachen von Nichtkonformitäten bewerten, damit diese nicht erneut oder an anderer Stelle erneut auftreten."

„Die Organisation muss die Ergebnisse von Analysen und Bewertungen sowie die Ergebnisse der Managementbewertung berücksichtigen, um zu bestimmen, ob es Erfordernisse oder Chancen gibt, die als Teil der fortlaufenden Verbesserung berücksichtigt werden müssen."

## 11.4 Methoden-Box

**PDCA-Zyklus**

PDCA steht für P = Plan, D = Do, C = Check, A = Act.

Ohne PDCA kein Qualitätsmanagement. Sie können den PDCA-Zyklus bei jedem Prozess, bei jeder Entscheidung und Entwicklung anwenden.

**Das kann die Methode:**
- Planungen strukturieren.
- Sicherstellen, dass bei Entwicklungen oder Projekten alle wichtigen Schritte gedacht und geplant werden.
- Zusammenhänge aufzeigen.
- Kontinuierliche Verbesserungen möglich machen.

---

[8] Qualitätsmanagementsysteme – Anforderungen (ISO 9001:2015), Deutsche und Englische Fassung EN ISO 9001:2015, November 2015, Kapitel 10

## 11.4 Methoden-Box

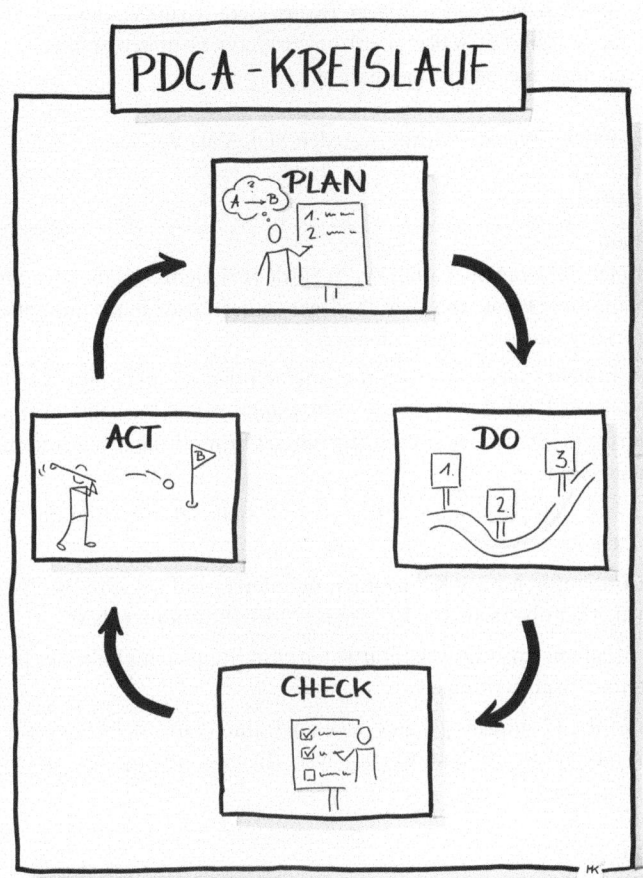

**Abb. 11.1** PDCA-Zyklus
Darstellung Marion Kenklies

**Rahmen:** Strategiebesprechungen, Klausuren, Entwicklungsworkshops etc.

**Vorbereitungszeit:** keine

**Durchführungszeit:** von fünf Minuten bis mehrere Tage (je nach Komplexität des Themas)

**Gruppengröße:** Einzelpersonen, Zweier-Teams, kleine Gruppen (bis ca. 6 Personen), mittlere Gruppen (bis ca. 20 Personen), bei größeren Gruppen braucht es mehrere Moderatoren und eine Gruppenaufteilung.

**Material:** Moderationsausstattung, ggf. den PDCA als Vorlage

**So gehen Sie vor:**

**Phase 1 Plan**

In Phase 1 identifizieren oder analysieren Sie das Problem oder die Idee. Sie entwickeln (gemeinsam) Hypothesen, wie das Ergebnis aussehen könnte und entscheiden, welches Vorgehen ausprobiert werden soll.

**Schritt 1:** Problem / Idee / Herausforderung definieren (unbedingt aufschreiben) zum Beispiel mit Hilfe der Methoden Flussdiagramm, Ursache-Wirkungs-Diagramm, Portfolio-Analyse oder Brainstorming, Brainwriting, Fehlersammelkarte, Kraftfeldanalyse etc.

**Schritt 2:** Ziel / Hypothese formulieren zum Beispiel mit Hilfe der Methode SMARTe Ziele.

**Schritt 3:** Indikatoren oder Kennzahlen definieren und aufschreiben (wichtig!): Woran wird erkennbar sein, ob die Lösung / Idee funktioniert hat?

**Schritt 4:** Mögliche Lösungswege erarbeiten zum Beispiel mit Hilfe der Methoden Brainstorming, Brainwriting etc.

**Schritt 5:** Einen Lösungsweg / eine Idee auswählen zum Beispiel mit Hilfe der Methoden Paarvergleich, Nutzwertanalyse, diverse sonstige Bewertungs- und Priorisierungsverfahren etc.

**Phase 2 Do**

Sie probieren die potenzielle Lösung in einem überschaubaren, kontrollierten Bereich aus und messen den Erfolg. Mit einem Piloten können Sie einen kleinen Testlauf ohne großen Aufwand starten. Falls es nicht funktioniert, sind nur wenige Ressourcen zum Einsatz gekommen und größere Schäden vermieden.

**Schritt 1:** Planung der Pilot- oder Testphase (inkl. Festlegung von Messgrößen und Prüffaktoren).

**Schritt 2:** Kontinuierlich Daten und Informationen zum Projektverlauf sammeln.

Hinweis: In diesem Verständnis meint Do: ausprobieren und testen – nicht vollständig implementieren. Die vollständige Implementierung erfolgt in der Stufe ACT.

## 11.4 Methoden-Box

**Phase 3 – Check**
In Phase 3 bewerten Sie das Ergebnis, messen den Erfolg und überprüfen die Wirksamkeit. Weisen die Ergebnisse nach, dass die Idee funktioniert?
**Schritt 1:** Ergebnisse analysieren. Sind die Ziele, wie in Stufe 1 formuliert, vollständig erreicht? Zum Beispiel mithilfe der Methoden interne Audits, Selbstbewertungen oder diverser sonstiger Controlling-Maßnahmen.
Wenn nein – zurück zu Phase 1.
Wenn ja – weiter zu Phase 4.
Hinweis: Sie können an dieser Stelle auch die Phasen 2 und 3 wiederholen und andere Ideen ausprobieren, pilotieren und bewerten, um die Ergebnisse zu vergleichen und so die beste aller Möglichkeiten zu identifizieren. Im Verständnis von Deming gibt sich der PDCA-ler nie mit einem nur halbguten Ergebnis zufrieden. Der überzeugte PDCA-ler geht erst zu Phase 4, wenn er vollständig glücklich mit dem Ergebnis ist.

**Phase 4 Act**
In Phase 4 rollen Sie die Idee aus und implementieren das Verfahren.

**Achtung:**
PDCA ist ein Kreislauf, kein Weg mit Anfang und Ende. Die Tatsache, dass das Verfahren implementiert ist, entbindet nicht von der Verpflichtung, weiter zu überwachen und ggf. weiter zu entwickeln.

**Anschlussmethoden:** keine

**Varianten:** siehe oben

**Zusammenhang:** Verbesserungsmanagement, Changemanagement, Entwicklung, Prozessmanagement

**Quelle / Referenz:**
Geht zurück auf W. Deming (siehe Kapitel 5)
*W. Edwards Deming, Out of the Crisis, (Cambridge MA, Vereinigte Staaten: MIT, 1982)*

## Ursache-Wirkungs-Diagramm

Mit dem Ursache-Wirkungs-Diagramm (auch Ishikawa-Diagramm genannt) können Sie alle möglichen Ursachen eines Problems (oder einer Herausforderung) aus verschiedenen Perspektiven sammeln und visualisieren. Im Anschluss können Sie dann mit Ihrem Team oder allein geeignete Gegenmaßnahmen entwickeln.

**Das kann die Methode:**
- Den Fokus erweitern auf weitere mögliche Ursachen für das Problem oder den Fehler.
- Ursachen herausfinden, die nicht offensichtlich sind.
- Komplexität deutlich machen und gleichzeitig reduzieren.

**Rahmen:** Workshop, Meeting, Klausur, Vier-Augen-Gespräch, Selbstreflexion

**Vorbereitungszeit:** keine

**Durchführungszeit:** mindestens 30 Minuten, bei Bedarf auch ausführlich bis zu mehrere Stunden abhängig von der Komplexität des Problems und der Gruppengröße

**Gruppengröße:** Einzelpersonen, Zweier-Teams, kleine Gruppen (bis ca. 6 Personen), mittlere Gruppen (bis ca. 20 Personen), bei größeren Gruppen arbeitsteilig vorgehen

**Material:** Moderationsausstattung, ggf. eine vorbereitete Grafik zum Modell

## 11.4 Methoden-Box

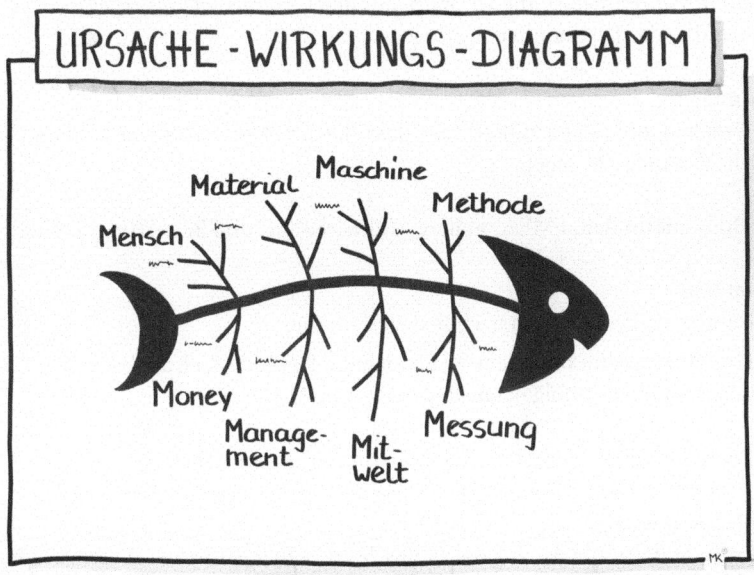

**Abb. 11.2** Vorlage Ursache-Wirkungs-Diagramm
Darstellung Marion Kenklies

**So geht gehen Sie vor:**
**Schritt 1:** Diagramm zur Visualisierung vorbereiten.
**Schritt 2:** Das Problem eindeutig und konkret formulieren und in den Fischkopf eintragen.
**Schritt 3:** Perspektiven festlegen, aus denen der Fehler betrachtet wird. Zum Beispiel:
- Mensch (z. B. Stress der Mitarbeiter, schlechte Ausbildung,…)
- Material (z. B. veraltete Geräte, schlechte Software, usw.)
- Maschine (z. B. schlechte Netzwerkanbindung usw.)
- Methode (z. B. fehlende Prozesse, usw.)
- Mitwelt (z. B. Projektumsetzung während der Urlaubszeit, usw.)
- Management (z. B. unklare Zielvorgaben)
- Messung (z. B. Datenerhebung)
- Money (z. B. zu wenig Ressourcen)

**Schritt 4:** Per Brainstorming Ursachen aus den verschiedenen Perspektiven sammeln und in das Diagramm eingetragen.

**Achtung:**
Das Problem muss so formuliert sein, dass alle damit einverstanden sind und das Gleiche darunter verstehen.

**Anschlussmethoden:** FMEA, weitere Priorisierungs- und Bewertungsmethoden

**Varianten:**
Sie können die Perspektiven nach Bedarf festlegen.

Statt der Analyse eines Problems kann man die Methode auch abwandeln und die Ursachen für einen Erfolg herausfinden.

**Zusammenhang:** Fehlermanagement, Verbesserungsmanagement

**Quelle / Referenz:**
Diese Methode wurde Anfang der 1950er Jahre vom japanischen Wissenschaftler Kaoru Ishikawa als eines der sieben Qualitätswerkzeuge (Q7) zur Analyse von Qualitätsproblemen entwickelt.
Eine gute Übersicht zu Q7 findet sich unter: *www.wissenistmanz.at/sbplus/106024_qualitaet.../qualitaetswerkzeuge.../download*

# FMEA

Mit der Methode mit dem sperrigen Namen Fehlermöglichkeits- und Einflussanalyse (eng. Failure Mode and Effects Analysis) können Sie Fehler und Probleme im Vorfeld identifizieren oder aus unangenehmen Dingen, die passiert sind, für die Zukunft lernen.

**Das kann die Methode:**
- Mögliche Fehler oder Probleme im Vorfeld erkennen.
- Fehler oder Probleme bewerten und einordnen, um herauszufinden, ob und wie man reagieren muss.

**Rahmen:** Klausur, Workshop, Strategiemeeting

## 11.4 Methoden-Box

**Vorbereitungszeit:** ca. 30 Minuten (Raster vorbereiten, ggf. Handouts mit Kurzinfos zum Verständnis bei erstmaligem Einsatz)

**Durchführungszeit:** mind. 30 Minuten pro möglichem Fehler

**Gruppengröße:** Einzelpersonen, Zweier-Teams, kleine Gruppen (bis ca. 6 Personen), mittlere Gruppen (bis ca. 20 Personen)

**Material:** Moderationsausstattung, Taschenrechner, Hand-Outs (siehe oben)

**So gehen Sie vor:**
**Schritt 1** (nur bei Suche nach möglichen Fehlern): Fehler identifizieren und aufschreiben (zum Beispiel Brainstorming, Ursache-Wirkungs-Diagramm, Pre-Mortem)
**Schritt 2:** Fehler einzeln nach folgenden Kategorien bewerten:
- Auftretenswahrscheinlichkeit (A)
  Wie wahrscheinlich ist es, dass der Fehler eintritt? / Wie wahrscheinlich ist es, dass der Fehler noch mal auftritt? (Skala von 1 bis 10, je höher der Wert, desto höher die Eintrittswahrscheinlichkeit)
- Bedeutung (B):
  Wie schlimm wäre der Fehler? / Wie schlimm ist der Fehler? )(Skala von 1 bis 10, je höher der Wert, desto schwerwiegender der Fehler)
- Entdeckungswahrscheinlichkeit (E):
  Wie wahrscheinlich ist es, dass wir den Fehler VOR den Zuschauern, Lesern, Usern, Hörern finden / finden würden? (Skala hier von 1 bis 10, je höher der Wert, desto geringer die Wahrscheinlichkeit)

**Schritt 3:** die Werte (A, B, E) miteinander multiplizieren. So erhält man die Risiko-Prioritätszahl (RPZ).
**Schritt 4:** RPZ für jeden einzelnen Fehler ermitteln.
**Schritt 5:** RPZ vergleichen, je höher die RPZ, desto dringlicher sind Maßnahmen erforderlich.

**Achtung:**
Die Methode ist ursprünglich deutlich komplexer und wird beispielsweise in der Luft- und Raumfahrt angewendet. Die RPZ ist in unserem extrem vereinfachten Vorgehen lediglich als visueller Hinweis zu verstehen und gibt insofern eine mögliche Richtung vor. Auch wenn die Aussagekraft der Zahl diskutabel ist, bietet sie auf jeden Fall eine objektivere Diskussionsgrundlage.

**Anschlussmethoden:** Maßnahmenplan, Brainstorming

**Varianten:**
Statt sich mit möglichen Fehlern zu beschäftigen, können Sie den Fokus auch auf bereits aufgetretene Fehler und Probleme legen und für die Zukunft daraus lernen (Wo könnte der Fehler noch auftreten?).

**Zusammenhang:** Fehlermanagement, Verbesserungsmanagement, Change-Management

**Quelle / Referenz:**
Erstmals wurde eine FME(C)A als United States Military Procedure im militärischen Bereich angesiedelt, dann fand sie Verbreitung in der Luft- und Raumfahrt und Automobilindustrie (von Ford initiiert).
MIL-P-1629 – Procedures for Performing a Failure Mode: Effects and Criticality Analysis (9. November 1949)

## Keep-Drop-Try

Mit Keep-Drop-Try können Sie kurz und gut getaktet Feedback in allen Bereichen (Feedback zur Konferenz oder dem Inhouse-Training, zum fertigen Projekt, zur Sonderaktion, zu Beiträgen und Formaten etc.) geben und einholen.

**Das kann die Methode:**
- Feedback takten und fokussieren.
- Feedback verkürzen.
- Feedback effizienter machen.
- Feedback verwertbar machen.
- Feedback versachlichen.

**Rahmen:** Konferenzen, Tagungen, Besprechungen, Workshops, Airchecks, Blattkritik, Nachbesprechungen

**Vorbereitungszeit:** fünf Minuten Vorbereitung für Flipchart malen (Flipchart kann mehrfach verwendet werden)

**Durchführungszeit:** fünf Minuten bis ein bis zwei Stunden

## 11.4 Methoden-Box

**Gruppengröße:** Zweier-Teams, kleine Gruppen (bis ca. 6 Personen), mittlere Gruppen (bis ca. 20 Personen), Idealgröße ca. 10 bis 20 Personen

**Material:** Vorbereitete Flipcharts, Moderationsausstattung

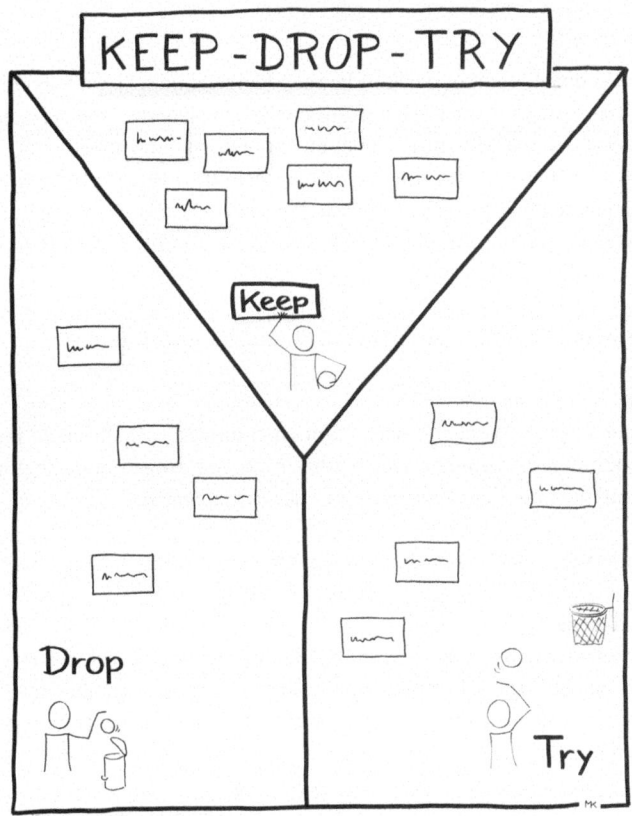

**Abb. 11.3** Vorlage Keep-Drop-Try
Darstellung Marion Kenklies

**So gehen Sie vor:**
**Schritt 1:** Antworten zu den Fragen auf Klebezettel schreiben (jeder für sich).
- Was wollen wir beibehalten? – Keep
- Was wollen wir vermeiden? – Drop
- Was wollen wir mal ausprobieren? – Try

**Schritt 2:** Zettel auf Flipchartblätter kleben und kurz(!) erläutern, nicht rechtfertigen und nicht entschuldigen.

**Achtung:**
Damit das Feedback nicht in der Luft hängen bleibt, sollten Sie sicherstellen, dass die Ergebnisse genutzt werden. Dazu können Sie beispielsweise clustern, bewerten und priorisieren und Maßnahmen ableiten. Gute Fragen dazu sind:
- Keep: Was wollen wir tun, um sicherzustellen, dass die positiven Ergebnisse erhalten bleiben?
- Drop: Was wollen wir tun, damit sich das Unerwünschte nicht wiederholt?
- Try: Was wollen wir wie ausprobieren?

**Anschlussmethoden:** Priorisieren, Clustern, Maßnahmenplanung

**Varianten:**
Die Methode können Sie auch nutzen, Rückmeldungen / Feedback zu journalistischen Produkten einzuholen. Der Vorteil hier: Das Augenmerk liegt auf dem Produkt und nicht auf dem Produzenten / der Produzentin.

**Zusammenhang:** Projektmanagement, Qualitätsmanagement, Changemanagement

**Quelle / Referenz:**
Das agile Projektmanagement (Scrum) hat die Idee Feedback reaktiviert und viele schöne, gut umsetzbare, sehr moderne Versionen von Kurz-Feedback entwickelt. Keep-Drop-Try ist eine davon. Sie wird im Scrum in den Retrospektiven (Rückschau / Stand der Dinge) genutzt.
*Rolf Dräther, Retrospektiven – kurz & gut (Köln: O'Reilly, 2014)*

## 11.4 Methoden-Box

### Managementbewertung

Mit der Managementbewertung nutzen Sie eine durch die ISO vorgeschlagene Auszeit, um das gesamte Unternehmen zu betrachten, die Performance zu bewerten und Schlussfolgerungen und Konsequenzen zu ziehen. Idealerweise machen Sie das regelmäßig mindestens einmal im Jahr. Am besten im (Führungs-)Team.

**Das kann die Methode:**
- Einen Überblick verschaffen.
- Problemfelder herausfinden.
- Vogelperspektive einnehmen.
- Änderungsbedarf deutlich machen.

**Rahmen**: Klausur, Teambesprechung, Einzelreflexion

**Vorbereitungszeit**: je nach Umfang der Datenbasis

**Durchführungszeit**: idealerweise ein Tag, mindestens ein halber Tag

**Gruppengröße**: Zweier-Teams, kleine Gruppen (bis ca. 6 Personen), mittlere Gruppen (bis ca. 20 Personen), große Gruppen (ab ca. 20 Personen)

**Material**: ausgewertete Informationen, Moderationsausstattung je nach Methodeneinsatz, vorbereitete Charts je nach Methode

**So gehen Sie vor:**
Vor der Managementbewertung –
**Schritt 1:** Festlegen, welche Zahlen, Daten und Fakten regelmäßig bewertet werden sollen.
Sinnvoll sind mindestens folgende Bereiche:
- Änderungen intern und extern (Markt, Wettbewerber, Zielgruppen, Mitarbeiter etc.)
- Laufende Ziele und Projekte
- Übersicht über alles, was nicht gelaufen ist wie geplant (Fehler, Beschwerden, Auffälligkeiten etc.)
- Stand in Bezug auf Ausbildung und Qualifikation von Mitarbeitern
- Stand in Bezug auf notwendige und vorhandene sonstige Ressourcen

**Schritt 2:** Vorhandene Zahlen, Daten, Fakten übersichtlich visualisiert zusammenstellen.

In der Managementbewertung haben sich folgende Fragestellungen bewährt:
1. Welche Änderungen haben sich im letzten Jahr für uns ergeben und was bedeutet das? Mögliche Methoden: SWOT-Analyse, Portfolio-Analyse, Stakeholderanalyse, Konkurrenzanalyse, Benchmarking
2. Welche Ideen und Impulse für Verbesserungen haben wir im letzten Jahr erhalten? Was davon wollen wir umsetzen? Mögliche Methoden: Clustern, Methoden für Priorisierung, Projektplanung
3. Welche Projekte haben wir im letzten Jahr umgesetzt? Angefangen? Aufgegeben? Wie zufrieden sind wir hier mit dem Stand der Dinge? Was können wir für die Zukunft lernen?
4. Was hat sich im Bereich Personal getan? Welche Fort- und Weiterbildungen / Weiterbildungsreihen haben uns im letzten Jahr nach vorne gebracht? Haben wir durch den Weggang von Mitarbeitern Wissen verloren? Konnten wir es ersetzen? Was steht für das nächste Jahr an?
5. Wie leistungsfähig sind Infrastruktur und Technik? Wo sind besonders häufig Fehler aufgetreten? Wo stehen durch Alter oder Verschleiß in den nächsten Jahren Neuanschaffungen an? Welche technischen Entwicklungen sind für uns relevant? Was müssen wir für die Zukunft berücksichtigen?

**Schritt 3:** Handlungsbedarf festlegen.

**Achtung:**
Damit keine Zeit verschwendet wird, ist eine gute Vorbereitung extrem wichtig. Betrachten Sie alle Punkte mindestens unter drei Perspektiven: Was war im letzten Jahr? Was bedeutet das für uns? Was wollen wir daraus lernen? Die Managementbewertung endet immer damit, dass Sie definieren, wo Handlungsbedarf besteht. Idealerweise behandeln Sie immer die gleichen Punkte (kann gerne bei Bedarf erweitert werden), um über die Jahre eine Entwicklung nachvollziehen zu können.

**Anschlussmethoden:** Maßnahmenplanung, Projektmanagement, Fortbildungsplanung, Ressourcenplanung, Investplanung

**Varianten:**
Bei großen Organisationen können Managementbewertungen auch für einzelne Abteilungen oder Bereiche durchgeführt werden. Die Tagesordnungspunkte können erweitert werden.

**Zusammenhang:** Strategieplanung, Unternehmenssteuerung

## 11.4 Methoden-Box

**Quelle / Referenz:**
DIN (Deutsches Institut für Normung e. V.) DIN EN ISO 9001:2015 – Qualitätsmanagementsystem – Anforderungen, Deutsche und Englische Fassung (Berlin: Beuth Verlag GmbH, 2015)

DIN (Deutsches Institut für Normung e.V) DIN EN ISO 9004:2018 – Qualitätsmanagement – Qualität einer Organisation – Anleitung zum Erreichen nachhaltigen Erfolgs, deutsche und englische Fassung (Berlin: Beuth Verlag GmbH, 2018)

# Das ist nicht das Ende! 12

Sondern der Anfang von mehr Qualität. Dieses Kapitel ist für all die geschrieben, die durch dieses Buch unbändige Lust darauf bekommen haben, in ihrer Redaktion grundlegend etwas zu verändern. Für all die, die beim Lesen immer wieder gedacht haben: „Ja! Da kann ich gut gebrauchen!" Und dann wenig später: „Und das auch!" „Und das erst!" Wer ein ganzes Buch über Qualitätsmanagement mit der ISO 9001:2015 und so viele Methoden aufgenommen hat, der ist am Ende voller Tatendrang – aber angesichts der Masse der möglichen Veränderungen vielleicht auch ein bisschen überfordert. Die Frage, die sich jetzt stellt, ist: Wo um alles in der Welt soll ich bloß anfangen? Hier kommt die Antwort.

**Variante 1:**
Sie gehen die Hand-aufs Herz-Fragen der einzelnen Kapitel dieses Buches noch einmal durch und beobachten, an welcher Stelle Ihr Puls am höchsten ist. Genau an dieser Stelle fangen Sie an.

**Variante 2:**
Sie vertrauen unserer Beratungserfahrung und starten mit der Beschäftigung mit einem der folgenden Bereiche, die sich für uns bewährt haben:
- Prozesse: Bietet sich zum Beispiel an, wenn viele Fehler passieren, wenn Mitarbeiter überlastet sind, wenn nicht klar ist, wer was zu tun hat oder entscheidet.
- Ziele: Bietet sich beispielsweise an, wenn Sie das Gefühl haben, dass Sie den aktuellen Entwicklungen und Anforderungen hinterherlaufen oder wenn Mitarbeiter sehr unterschiedliche Vorstellungen davon haben, was Erfolg ist und was zum Erfolg führt.
- Qualitätspolitik: Bietet sich zum Beispiel an, wenn Mitarbeiter sehr unterschiedliche Vorstellungen davon haben, was Qualität für das Unternehmen ist und welche Haltung die Redaktion bei kritischen Themen und gegenüber bestimmten Stakeholdern hat.

**Variante 3:**
Sie machen das ganz große Fass auf und gehen systematisch anhand des PD-CA-Kreislaufes vor, um ein qualitätsorientiertes Management-System aufzubauen. Das bedeutet:
- Plan: Sie starten mit einer Bestandsaufnahme analog zu den ISO-Anforderungen. Was leistet Ihr Management-System schon und was leistet es noch nicht? Eine kostenlose Vorlage für eine Soll-Ist-Analyse finden Sie übrigens auf www.qualitaet-managen.de. Sie bestimmen aufbauend auf den Ergebnissen SMARTe Ziele. Sie legen Verantwortlichkeiten und Zuständigkeiten für das Projekt „Aufbau eines Qualitätsmanagementsystems" fest. Sie ermitteln die Ressourcen und stellen diese zur Verfügung. Sie führen eine Chancen-Risiko-Analyse durch, um Überraschungen zu vermeiden. Sie erstellen einen Projektplan mit konkreten Maßnahmen.
- Do: Spätestens jetzt holen Sie das gesamte Team mit ins Boot, klären auf über Ziele, Zeitplan und zur Verfügung stehende Ressourcen und Rahmenbedingungen. Dann führen Sie die Maßnahmen mit Ihrem Team wie geplant durch.
- Check: Sie überprüfen regelmäßig, ob die Maßnahmen wie geplant durchgeführt werden, ob es immer noch die richtigen Maßnahmen sind, um die Ziele zu erreichen, ob die Ressourcen immer noch ausreichen und natürlich, ob die Ziele erreicht wurden.
- Act: Wenn Sie beim Überprüfen feststellen, dass etwas nicht wie geplant funktioniert oder es Verbesserungspotenzial gibt, dann verändern Sie die Maßnahmen, die Ziele oder Prozesse (die Risiko-Chancen-Analyse nicht vergessen). Auch Veränderungs- Maßnahmen wollen geplant werden – womit wir wieder bei Plan sind und sich so der PDCA-Kreislauf schließt.

**Variante 4:**
Wenn Sie alles spannend finden, was Sie bislang gelesen haben, und Lust haben, tiefer in die Materie einzusteigen, sehen Sie sich nach einer guten Weiterbildung zum Qualitätsbeauftragten im Bereich Medien um und erweitern Ihr Wissen und Ihren Methodenkoffer. Auf unserer Website (www.qualitaet-managen.de) haben wir Ihnen zusammenstellt, worauf man bei der Entscheidung für eine Weiterbildung achten sollte.

**Variante 5:**
Wenn Ihnen eine Ausbildung zu lange dauert, Sie das Gefühl haben, Sie brauchen mehr Unterstützung, oder ganz schnell etwas passieren soll, dann suchen Sie sich professionelle Beratung. Kriterien für die Auswahl eines guten Beraters finden Sie als Checkliste auf www.qualitaet-managen.de.

# 12 Das ist nicht das Ende!

Für welche der Varianten auch immer Sie sich entscheiden:

## MIND THE GAPZ

**G**anzheitlich denken
**A**enderungen gestalten
**P**rozesse leben
**Z**iele definieren

**Mind the GAPZ – ist der Merksatz**, den wir am Anfang dieses Buches formuliert haben, um eine Eselsbrücke für das zu schaffen, was man beim täglichen Arbeiten als erforderliches Mindset immer im Hinterkopf haben sollte:

**G**anzheitlich denken,

**A**enderung gestalten,

**P**rozesse leben und

**Z**iele definieren.

Aber wir müssen an dieser Stelle auch warnen. Wer ganzheitlich denkt und deswegen ständig Verbesserungsmöglichkeiten erkennt, WILL irgendwann auch ständig verbessern. **Mind the GAPZ** birgt Suchtpotenzial!

Jetzt sind Sie dran, denn wie William Deming zu sagen pflegte:

„Wir können entweder etwas gegen unsere Probleme unternehmen oder alles beim Alten lassen."

## Wir sagen Danke!

Ein Buch zu schreiben, ist nicht nur eine intellektuelle, sondern auch eine logistische Herausforderung. Es kostet Zeit, Nerven und Geduld, nicht nur die Autoren, sondern alle, die in irgendeiner Art und Weise mit dem Projekt zu tun haben. Deshalb ist das Ende eines Buches Anlass für Wertschätzung und Dank.

Wir möchten also danken:

Marion Kenklies (www.marion-kenklies.de): Danke Marion für die tolle unkomplizierte Zusammenarbeit und die wunderbaren, liebevoll visualisierten Flipcharts. Falls sich jemand mit dem Thema Visualisieren in Workshops und Besprechungen beschäftigt, Marion Kenklies ist absolut zu empfehlen.

Allen Testlesern: Danke für die ehrlichen, konstruktiven Rückmeldungen zum Buch und dass Ihr Euch so schnell durch das gesamte Manuskript gearbeitet habt.

William Deming: Danke für die inspirierenden Impulse zum Qualitätsmanagement und dem Leben insgesamt. Danke vor allen Dingen für den PDCA-Zyklus, der unsere Arbeit und unser Leben bereichert hat.

Danke natürlich auch unseren Familien und Freunden, die an vielen Wochenenden auf uns verzichtet und uns auch sonst tatkräftig unterstützt haben.

# Die Autoren

**Christian Chang-Langhorst**, Akribikologiker und kreativer Sprachprofi
Leitet die Abteilung Qualitätsmanagement beim Saarländischen Rundfunk. Mehr als 30 Jahre Erfahrung in Zeitungsredaktionen sowie im privaten und öffentlich-rechtlichen Rundfunk als Programmchef, Autor, Moderator, Berater, Ausbilder und Trainer.
Lieblings-Deming: „Ein Chef ist ein Coach, kein Richter."

**Dirk Heynen**, Optimalogiker und kreativer Verbesserungsprofi
Leitet die Abteilung Qualitätsmanagement bei der InfoNetwork GmbH. Hat mehr als 20 Jahre Fernseherfahrung. Arbeitet als Dozent und interner Berater.
Lieblings-Deming: „Wenn sie nicht die richtigen Fragen stellen können, werden sie nie etwas Neues entdecken."

**Sylvia Homann**, Perfektologikerin und kreativer Organisationsprofi
Seit fast 20 Jahren Radio-Redakteurin und -Moderatorin. Berät als Qualitätsmanagerin Redaktionen, Schulen, öffentliche Einrichtungen und Unternehmen.
Lieblings-Deming: „Management nach Resultaten ist gleichbedeutend mit Fahren durch den Rückspiegel."

**Ursula Wienken**, Prozessologikerin und kreativer Methodenprofi
Berät mit ihrer MQ GmbH Medien- und Kreativunternehmen, Bildungsorganisationen, Soziale Einrichtungen, Non-Profit-Organisationen sowie kleine und mittelständische Betriebe. Hat 25 Jahre Radioerfahrung und ist seit über 20 Jahren Expertin für agiles Innovations-, Projekt-, Prozess- und Qualitätsmanagement.
Lieblings-Deming: „Innovation entsteht nur durch Leute, die Freude an ihrer Arbeit haben."

Kontakt zu den Autoren:
info@qualitaet-managen.de oder die Homepage: www.qualitaet-managen.de

© Springer Fachmedien Wiesbaden GmbH, ein Teil von Springer Nature 2019
C. Chang-Langhorst et al., *Qualität managen*, Journalistische Praxis,
https://doi.org/10.1007/978-3-658-24005-9